Thomas Ortler • Fotografie: Udo Bernhart

Südtirol

Gerichte & Geschichten von Berg, Tal und Welt

Die besten Rezepte von »Tom's Table«

CHRISTIAN

Inhalt

Einleitung

Zwei Entdecker aus Südtirol

Es gibt ein kleines Städtchen an der Etsch mit gerade mal 900 Einwohnern. In jenem Nest gibt es ein Restaurant im ehemaligen Gefängnisturm aus dem 13. Jahrhundert. Dort – im flurin – bin ich, Thomas Ortler, Chefkoch und Historiker, Glurnser und Weltbürger.
Ich lerne Udo Bernhart kennen, den weltbekannten Fotografen, Entdecker und Landwirt. Nach zehn Jahren im Ausland bin ich in den Vinschgau/nach Glurns zurückgekehrt, Udo hingegen ist weiterhin unermüdlich auf dem gesamten Globus unterwegs, aber trotzdem auch immer noch an seinem Heimathof in Kastelbell zu Hause.
Gemeinsam planten wir das Buch, das ihr gerade lest. Es bildet Südtirol und seine Kochtraditionen ab, nicht hinter den Fassaden von Edelweiß und Tracht, sondern so, wie wir Südtiroler sie verstehen und leben.
Wir nennen uns nun »die Brückenbauer«, weil wir Südtirol nicht nur von innen, sondern auch von außen kennen. Wir sind viel gereist, haben viel gegessen, viel Neues entdeckt und auch viel Altes wiedererkannt. Wir kennen die Nostalgie – den Wunsch nach Geborgenheit – sowie das Fernweh – den Reiz der Entdeckung. Essen ist wohl die wirksamste Mnemotechnik für Genießer. Deshalb sind die Erinnerungen unsere Bausteine, mit denen wir unsere Brücken konstruieren.
Wir werden die Gewässer überqueren, so wie es Kolumbus, Magellan und Cook taten. Wir bringen etwas mit und nehmen etwas mit. Wir wollen der Welt von dem erzählen, was wir als Kinder gegessen haben, und von dem, was für uns neu und überraschend war. Aus diesem Austausch entstehen die Gerichte, die ihr hier vorfindet. Zeitgemäße Südtiroler Küche, Produkte aus der unmittelbaren Umgebung, Gewürze und Techniken aus der Ferne. Setzt die Segel, es geht los!

Wie essen wir eigentlich?

Wer schon mal bei mir im flurin war, der kennt es wahrscheinlich schon: Poke mit heimischer Lachsforelle, Gerste und Quitte; hausgemachte Cappelletti mit Kitz-Ragout und Preiselbeeren; Speck-Tortellini mit Pilzdashi und Liebstöckel. Alles Kombinationen, die im ersten Moment womöglich dissonant klingen: Poke-Quitte, Cappelletti-Kitz, Dashi-Speck ... Der erste Schein mag aber trügen.
Das Kochen war zwar schon immer meine große Liebe, jedoch nicht mein Beruf. Meine zweite große Leidenschaft, die Geschichte, hatte mich bis vor einigen Jahren fest im Griff. Als Sozialhistoriker wurde mir dabei vor allem eines klar: Traditionen geben meist eine Ewigkeit vor, die so gar nicht existiert.
In der historischen Perspektive sind Traditionen nämlich genauso wandelbar wie sogenannte Trends, mit dem einzigen Unterschied, dass sie für uns das identitätsstiftende Fundament und nicht den Wandel symbolisieren. Mit anderen Worten: Kulturen und Traditionen verändern sich die ganze Zeit über, und Menschen entscheiden bewusst und auch unbewusst, was bleibt und was neu hinzukommt.
Genauso verhält es sich unweigerlich mit Esstraditionen und Kochkulturen: Was gerade südtirolerisch ist, war gestern und vorgestern anders und wird auch morgen nicht dasselbe sein. Es wäre naiv zu glauben, dass wir immer nur Schlutzkrapfen und Speckknödel gegessen haben und immer essen werden.
Für meine Großmutter, die immerhin schon stolze 94 Jahre auf dem Buckel hat, waren Schlutzkrapfen gleich neu wie das Sushi für meine Eltern in ihren 40ern. Denn neben dem unterschiedlichen Lebensmittelangebot sind auch die verschiedenen Täler Südtirols kleine, fragmentierte Kochkulturen. Die Vinschger*innen aus der Großelterngeneration hatten ihre Schneamilch, ihren Riebl und ihr Muas, während die Pusterer*innen aus derselben Generation tatsächlich Schlutzkrapfen, Tirtlan und Pressknödel zubereiteten. Ein Pressknödel im Vinschgau

Polit. Bezirk Meran
STADT GLURNS
im Grenzbezirk

war ein Sakrileg, der wurde dort nämlich gedämpft, während der Knödel auf der anderen Seite des Reschenpasses wiederum im Salzwasser gekocht wurde.
Mit dem Generationenwechsel änderte sich vieles, die Südtiroler Küche wurde vor allem seit den 80er-Jahren vereinheitlicht und veredelt. Dazu kam dann auch noch der italienische Einfluss, der mittlerweile nicht mehr wegzudenken ist. Es wird einem klar: Die Küche Südtirols zu definieren, ist nicht so einfach wie geglaubt, und das liegt gerade daran, dass es so viele lokale Unterschiede, externe Einflüsse und ungleichzeitige Entwicklungen gibt. Kochen ist eben kein Zustand, sondern ein Prozess, ein Fluss wie die Etsch ... oder die Rienz ... oder der Eisack. Und seit jeher stürzen wir Köche und Köchinnen uns in die wilden Fluten. Generation für Generation.

Wie bei Oma ... oder Opa?

Antonia, Monika, Luis, Hermann. Dies sind die Namen meiner Großeltern. Die beiden Herren sind leider schon verstorben, aber die Erinnerung ist noch stark präsent. Die Eltern meiner Mutter, Antonia und Luis, waren in gewisser Hinsicht ein klassisches Beispiel einer Südtiroler Familie in der Nachkriegszeit. Luis arbeitete hart, zog nach Feierabend jedoch das Gasthaus dem Familienleben vor. Antonia oder Touna, wie man sie hier nennt, war deshalb auf sich allein gestellt, was Haus, Vieh und Nachwuchs betraf. Sie hatte nämlich nicht nur vier Kinder und einen großen Garten zu versorgen, sondern, wie es damals üblich war, Schweine, Ziegen und Hühner. Für den Eigengebrauch, versteht sich.
Touna war Selbstversorgerin in jeder Beziehung. Gekauftes gab es nur selten, unter anderem, weil ihr Ehemann beim Trink- und Kartenspiel sein hart verdientes Geld verprasste. Sie nähte und strickte Kleidung, säte und erntete Obst und Gemüse, fütterte und kümmerte sich um ihre Tiere und war nicht zuletzt die Chefköchin des Hauses. Unter den genannten Umständen gab es nur eine Devise: Es musste etwas auf den Tisch kommen, koste es, was es wolle!

Dieser Ernährungsdruck ist auch die Grundcharakteristik der ersten, noch im kommunikativen Gedächtnis lebendigen Kochkultur Südtirols. Es gab an sich keinen Abfall, keine Rezepte mit genauen Maßeinheiten, keine exotischen Eskapaden. Dieses scheinbar statische Konzept hatte jedoch zur Folge, dass die Kreativität in der Not zur maßgeblichen Tugend einer Vinschger Kochtradition wurde. Muas, Knödel und Riebl sind nicht nur unglaublich schmackhafte Gerichte, sondern auch Zeitzeugen einer Generation Südtirols, die noch Armut und Hunger kannte. Es gab kein Rezept mit passender Einkaufsliste. Der Garten, die Vorratskammer und der Keller waren das gesamte Lebensmittelangebot, welches meistens diktierte, was gekocht werden konnte. Die Kunst bestand darin, die nötige Kreativität zu finden, um verschiedene Produkte zu kombinieren, auch wenn das gerade mal nicht dem Plan entsprach. Zudem musste Touna auch damit umgehen können, dass es Zeiten des Überflusses, wie im Sommer und Herbst, sowie Zeiten des Mangels gab, wie im bei uns sehr langen Winter. Damals waren das Fermentieren und Einwecken keine Modeerscheinung, sondern eine Überlebensstrategie. Haltbar gemacht wurden auf diese Weise Sauerkraut, Marmeladen, Kaminwurzen und Speck. Aus dieser großen Sorgfalt entstand vor allem eines: großer Respekt vor dem Essen und seiner Herkunft.
Oma erzählt immer wieder, wie sehr sie darunter gelitten hat, wenn im Spätherbst ihre liebevoll großgezogenen Schweine geschlachtet werden mussten. Sie vergoss Tränen um sie, war sich jedoch stets bewusst, dass es so sein musste. Aus dieser Dankbarkeit habe ich viel gelernt. Sie ist für mich die Grundliebe für das Essen und das Kochen.
Touna ist jetzt 94. Sie kocht nicht mehr viel. Sie isst gerne Kiwis und trinkt gerne Himbeersaft mit einem unverschämten Sirup-Wasser-Verhältnis. Das sind die kleinen Dinge, die sie nach wie vor glücklich und zufrieden machen. Ich rede gerne mit ihr über ihre unverständlichen Rezepte. Ein Händchen da, etwas Augenmaß dort – und immer geduldig bleiben, meint sie. Wer den Herd verlässt, verliert meistens. Also bleibt geduldig, wenn ihr die Rezepte nachkocht. Gutes Essen braucht – wie gute Produkte – auch Zeit. Im Gegensatz zu den Eltern meiner Mutter, die im

ländlichen Umfeld des Vinschgaus ein solides Leben verbracht haben, waren die Eltern meines Vaters schon etwas gereist. Während der sogenannten »Option«, bei der im von Benito Mussolini regierten Italien eine Umsiedlung der deutschsprachigen Bevölkerung in das sogenannte »Dritte Reich« vorangetrieben wurde, wanderte mein Großvater Hermann mit seinen Geschwistern und seiner Mutter als kleiner Junge für kurze Zeit in das südmährische Znojmo aus. In den 1960er-Jahren lebten meine Großeltern als junges Paar zudem für einige Jahre in München, um dort zwar in erster Linie zu arbeiten, aber nicht zuletzt auch etwas städtisches Flair mit nach Hause zu bringen. Einmal in den Vinschgau zurückgekehrt, eröffneten sie ein kleines Geschäft in Glurns. Es war die »Tante-Emma«-Variante, was bedeutete, dass es neben Lebensmitteln auch Stoff, Kleidung, Zigaretten, Schrauben, ja, im Prinzip alles, was man sich für den Alltag vorstellen konnte, zu kaufen gab. Zudem betrieb das tüchtige Paar eine kleine Pension im eigenen Familienhaus, wo sowohl die Hausherren als auch die Gäste Kochabende veranstalteten, bei denen man einander zeigte, auf welches Essen man in der jeweiligen Heimat stolz war. Maultaschen von den Möllers aus Stuttgart, Trenette und Pesto von den Busallas aus Genua, Königsberger Klopse von den Hubers aus Frankfurt: Alles wurde im Hause Ortler vereint und verglichen.

In der Freizeit war mein Opa Hermann der unumstrittene Koch der Familie. Für seine Zeit war dies sicherlich untypisch, aber seine Leidenschaft für die Kulinarik war stärker als die damaligen Klischees von Männlichkeit. Meine Urgroßmutter war aus Klausen und gelernte Köchin gewesen, die nicht nur ihren Töchtern, sondern auch ihren Söhnen das kulinarische Handwerk beigebracht hatte. Hermann hatte im Laufe seines Lebens zudem eine stolze Sammlung an Kochbüchern erworben. Für ihn gab es im Pensionsalter und somit auch in den ersten freien Stunden, um fernzusehen, nur zwei Arten von TV-Programmen: Sport oder Kochen, Lothar Matthäus oder Martina und Moritz, Hermann Maier oder Alfred Biolek.

Er war sehr genau und sehr eitel, so wie es auch meine Oma Touna ist. Zudem war er ebenfalls ein unglaublicher Verwerter. Es gab quasi nichts, was schlecht werden konnte bzw. durfte. Das hatte er aus der Armut gelernt, und oft brachte ihm diese Versessenheit auch Streitigkeiten mit Oma Monika ein. Sein großer Garten war voll mit Bohnenranken, oder zu Vinschgerisch: »Frseiln«. Sie waren billig im Anbau, ertragreich und nahrhaft. Sein Leibgericht: eindeutig Pasta e Fagioli, die übrigens bis heute zu meinen absoluten Lieblingssuppen gehört. Der italienische Einfluss war bei Hermann schon sehr präsent: Er diente als Caporale Maggiore für das italienische Heer im umbrischen Spoleto, belieferte die Militärkaserne in Glurns mit Waren aus seinem Geschäft und verbrachte seine Urlaube als Pensionist meistens auf der wunderschönen Insel Ischia. Er ist leider schon 2003 von uns gegangen, die Erinnerungen an ihn und seine Gerichte sind es hingegen nicht. Auch sie sind wichtige Pfeiler jener Brücken, die ihr in diesem Kochbuch vorfindet.

O come dalla mamma?

Spätestens jetzt muss der Historiker in mir wieder einhaken. Nicht nur die Berge und Täler haben unsere Kochtraditionen beeinflusst, sondern auch der geopolitische Wandel. Die meisten wissen wahrscheinlich schon, worauf ich hinauswill: 1918 endete der Erste Weltkrieg, und das zu den Siegermächten gehörende Italien forderte eine Grenzverschiebung bis zum Brenner ein. Die Gefürstete Grafschaft Tirol, welche für mehr als 500 Jahre zum habsburgischen Herrschaftsgebiet gehört hatte, wurde somit geteilt und das Trentino und Südtirol in den italienischen Staat integriert.

Neben dem vielen Leid, das die Zwangs-Italienisierung in den folgenden Jahrzehnten zweifellos mit sich bringen sollte, gab es jedoch auch einen durchaus fruchtbaren Kulturaustausch. Ich gehe sogar so weit und sage, dass das Essen einen der wichtigsten Friedensbotschafter in diesem scheinbar unlösbaren Konflikt der Nationalitäten darstellte. Essen ist nämlich in den meisten Fällen positiv behaftet. Es ist vielmehr eine

Gabe als ein Zwang, und ein duftender Teller frischer Pasta ist wesentlich vereinender als Diskussionen um Sprachen, Grenzen und Bevölkerungstypologien. Während die meisten Männer bereits im Wehrdienst mit Pizza und Pasta konfrontiert wurden, dauerte es in den Haushalten des Vinschgaus noch etwas länger. Meine Mutter, Marialuise, wuchs in Taufers im Münstertal, direkt an der Grenze zur Schweiz, auf. Dort hielten die »Alpini«, die italienischen Berg-truppen, im Sommer des Öfteren ihr Trainingscamp (Campo) ab. Zufällig befand sich die Feldküche dabei genau im Garten der Nachbarn, weshalb die kleine Marialuise und ihre Geschwister, angezogen vom herrlichen Duft der köchelnden Tomatensauce, sofort zum Gartenzaun eilten. Bis heute erzählt mir meine Mutter von dieser ersten Begegnung mit italienischer Pasta wie von einer kulinarischen Romanze. Und diese Liebe sollte ewig währen, denn nach wie vor habe ich kaum bessere Pasta gegessen als bei ihr. Als in den 1970er- und 1980er-Jahren dann die Supermärkte zunehmend ihr Sortiment vergrößerten, die ersten Pizzerie und Trattorie aufsperrten und alles im Sommer zum Gardasee oder nach Jesolo pilgerte, war die Entwicklung vollendet. Der italienische Kochstil wurde Teil des Südtirolerischen und definiert uns seitdem als mediterrane Alpenregion. Eine neue Generation und eine neue Kochkultur: Evviva!

Oder wie in Delhi?

Ich erinnere mich an das Schuljahr, das ich mit 17 Jahren in England verbracht habe. Ich war dort bei einem Schulkollegen mit indischem Migrationshintergrund eingeladen. Paaras war sein Name, und seine Mutter kochte unglaubliche Currys. Der Geruch, die Gewürze, die seidige Konsistenz. Das war das erste Mal, dass ich mir dachte: Das schmeckt anders, das ist authentisch, das ist wundervoll! Bis dato gab es auch in Südtirol nicht viel mehr als ein paar fragwürdige Chinarestaurants und Dönerläden. Aber bei Paaras` Mutter wurde mir einiges klar. Damals entstand die Entdeckerlust, die Gerichte Indiens, Thailands, Vietnams, Japans, Chiles, Marokkos und eigentlich jeder Kochkultur, die es gibt, zu erkunden. Während ich mich ab meinen 20ern in den vielen Kochstilen der Welt vorantastete, hatte Udo Bernhart schon Unzähliges gesehen und auch fotografiert. Im Gegensatz zu meinen Eltern und den meisten anderen Südtirolern seiner Generation war Udo in den 1980ern schon in den USA, Indien, Nepal, China und Südamerika. Dort hat er natürlich nicht nur fotografiert, sondern vor allem entdeckt. Seine Geschichte ist im Prinzip schon eine wahre Brücke. Er hat auf den Osterinseln ein in Bananenblätter gehülltes Ferkel aus dem Erdofen (»Umu«) gegessen, hat zusammen mit der Schiffscrew vor der Küste Alaskas die frisch gefangenen Shrimps gefrühstückt, und trotzdem hat auch er sich manchmal nichts sehnlicher gewünscht als die Knödelsuppe, die ihm seine Mutter bei seiner Heimkehr – und egal zu welcher Uhrzeit – mit Sorgfalt und Liebe zubereitete. Er kennt die Schönheit beider Welten wie kein Zweiter.

Eines Tages kommt Udo nach einer Radtour in mein Restaurant. Er isst, es schmeckt, und wir reden:
Udo: »Obwohl ich hier eindeutig in Glurns bin, kommt es mir irgendwie anders vor!«
Ich: »Wie – anders?«
Udo: »Wie bei meinen Reisen in Nordafrika zum Beispiel!«
Ich war außer mir vor Freude. Er hatte Vinschger Lamm mit Bohnen-Hummus und Marillen gegessen. Alles Zutaten aus der Gegend, jedoch anders verarbeitet und kombiniert. Wir waren uns einig: Neue Ideen, Aromen und Kombinationen haben auch in unseren Küchen Platz, wir müssen sie nur verstehen und verantwortungsbewusst einbauen.
Nun sind wir wieder am Anfangspunkt angelangt. Wir bereiten unser Schiff vor, knoten die Seile, schrubben das Deck, packen Regenschutz, Karten und Kompass ein. Es ist Zeit, den Anker zu lichten. Unsere Route ist klar: 18 Produkte Südtirols und jeweils drei Rezepte dazu. Aber nicht irgendwelche Rezepte, sondern Rezepte aus den drei genannten Kochkulturen, wie sie im flurin zelebriert werden: etwas vom Berg, wie es Oma Touna machen würde, etwas vom Tal, wie es Mama Marialuise gerne hätte, und schlussendlich etwas aus aller Welt, wie in den Träumen der Entdecker.

Kresse

Kress

Beginnen wir diese Erzählung doch mit einer geheimen Liebschaft. Im Garten der pensionierten Großeltern Monika und Herrmann gab es zwei unterschiedliche Ansichten: einerseits die des Pragmatikers und andererseits jene der Ästhetin. Hermann wollte nur anbauen, was auch nutzte, Monika wollte hingegen auch etwas für die Seele. Ihre Methoden, um meinen Großvater zu hintergehen, waren deshalb »nützliche« Blumen, wie Kamillen, Ringelblumen und nicht zuletzt ... die Kapuzinerkresse. Sie hatte ganze Berge davon und ließ sich unaufhörlich von ihnen entzücken. Als Kind war es für mich ein absolutes Faszinosum, dass es erlaubt war, diese grell leuchtenden Blüten abzureißen, um sie sich in den Mund zu stopfen. Die Blätter fielen natürlich immer Hermann zum Opfer, der wusste aber auch, was anstellen damit: Wenn er sie nicht gerade verkochte, waren auch sie ein willkommener Snack. Ähnlich wie bei Udos Großvater, der bei seinen Fischereiexkursionen gelegentlich ins Bachbett griff, um eine Hand voll Brunnenkresse zum »Holbmittog« (zwischenmahlzeitlicher Snack) zu ergattern. Mittlerweile ist die Nutzkresse zum Underdog mutiert. Sie wird von den meisten Köchen und Köchinnen in geschrumpfter Form als Dekoration verwendet, und man kennt sie deshalb vorwiegend in kleinen Plastikschälchen, wo man sie dann sorgfältig abschneidet oder sogar nur die Blätter abzupft. Man könnte sagen, die Kresse wurde eigentlich ins Küchen-Altersheim verbannt. Doch sie wäre die Letzte, die das verdient hat, denn sie wächst wahrhaftig »wild« im Wasser und am Land, und sie kann richtig Charakter auf den Teller bringen. Neben dem tollen Geschmack sind Kressen zudem Eisen-, Kalzium- und Vitamin-C-Lieferanten erster Klasse. Im flurin ist die Kresse deshalb nicht nur Zierde, sondern ein Star. So auch in den folgenden Rezepten. Dabei ist es eigentlich egal, welche Sorte Verwendung findet: Gartenkresse, Brunnenkresse, Kapuzinerkresse – alles ist möglich. Man kann auch unterschiedliche Sorten mischen und je nach Laune mit anderen Kräutern und Salaten kombinieren. Die erste Reise bringt uns von der Arme-Leute-Küche des Vinschgaus nach Ligurien und entlang der Küste bis nach Andalusien, wo die Pinchos Morunos, die »maurischen Spieße«, auf uns warten.
So aufregend kann sie eben sein, die Kresse.

Kressesuppe mit weichem Ei

Ich gebe zu: Dieses Rezept hat eine kleine Umwandlung durch mich erlebt. Ursprünglich verwendete mein Großvater Hermann mehr Kartoffeln und weniger Kresse, damit alle hungrigen Mägen gefüllt wurden. Da wir mittlerweile nicht mehr so sehr auf Kohlenhydrate angewiesen sind, habe ich mich dafür entschieden, der Kresse die Hauptrolle zu geben und eine frische und überaus gesunde Version daraus zu machen. Einfach und lecker.

20 MINUTEN

FÜR 4 PERSONEN

1 Zwiebel
1 mittelgroße Kartoffel
1 EL Butter
2 gute Eier
300 g Kresse aller Art
Salz
Pfeffer

TIPP

Anstelle des Eis passen auch ein schöner Löffel Joghurt oder Crème fraîche hervorragend dazu.

ZUBEREITUNG

1. Schält die Zwiebel und schneidet sie in feine Scheiben. Schält die Kartoffel und schneidet sie ebenfalls in feine Scheiben. Schwitzt beides bei niedriger Temperatur in der geschmolzenen Butter an.
2. Nach etwa 5 Minuten sollte das Gemüse leicht glasig sein. Gebt nun 750 ml Wasser und 1 großzügige Prise Salz dazu und lasst alles für weitere 15 Minuten köcheln.
3. Bringt in der Zwischenzeit in einem kleinen Topf Wasser zum Kochen und gebt – sobald es siedet – die beiden ganzen Eier vorsichtig hinein. Siedet sie genau für 6 Minuten und schreckt sie sogleich in kaltem Wasser ab. Schält die Eier und trennt sie vorsichtig in Hälften.
4. Fügt nun die gewaschene Kresse zur Suppe hinzu und lasst sie für lediglich 1 weitere Minute ziehen.
5. Püriert nun die beinahe fertige Suppe mit einem Mixstab oder Mixer fein und schmeckt erneut mit Salz und Pfeffer ab. Serviert sie sogleich mit einem halbierten Ei pro Portion und etwas frischer Kresse.

Spaghetti mit Kressepesto und Bufala

Falls die Kresse auch in eurem Garten wuchert und ihr womöglich noch eine Packung Spaghetti in der Speisekammer gebunkert habt, dann liefere ich euch jetzt richtig gutes Do-it-yourself-Fastfood. Auch wenn man mal später nach Hause kommt oder einen harten Arbeitstag hinter sich hat, genügen etwas gesalzenes Wasser, etwa 10 Minuten Konzentration, und die Vorfreude wird überwiegen. Wenn man dann noch die cremige Büffelmozzarella mit ins Boot holt, kann die Welt um euch auch mal stehen bleiben.

15 MINUTEN

FÜR 4 PERSONEN

400 g Spaghetti, Spaghettoni, Linguine o.ä.
30 g geschälte Walnusskerne
150 g Kresse aller Art
1 Knoblauchzehe
70 ml gutes Olivenöl
70 g geriebener Parmesan
200 g Büffelmozzarella (optional)
Schale von 1 unbehandelten Zitrone
Salz

ZUBEREITUNG

1. Bringt genügend gesalzenes Wasser zum Kochen und gebt sogleich die Pasta dazu. Rührt sie um, damit sie nicht aneinander kleben bleibt, und kocht sie »al dente« gemäß der Angabe auf der Packung.
2. Toastet die geschälten Walnusskerne für einige Minuten ohne Öl in einer heißen Pfanne, bis sie leicht mokkabraun geworden sind, legt ein paar davon auf die Seite und hackt sie grob.
3. Gebt nun die restlichen herrlich riechenden Nüsse zusammen mit der Kresse, dem abgezogenen Knoblauch, dem Olivenöl und dem Parmesan in einen Mixer oder Mörser und zerkleinert alles, bis ein homogenes Pesto entstanden ist. Schmeckt nach Belieben mit Salz ab.
4. Holt nun die Pasta aus dem Wasser und vermischt sie zusammen mit ein paar Löffeln des Pastawassers und dem Pesto in einer leicht warmen Schwenkpfanne. Schaltet dabei den Herd aus, um die Pesto-Emulsion nicht zu gefährden.
5. Richtet sogleich die noch heiße Pasta auf euren Tellern an. Gebt auf jedes Pasta-Türmchen ein Stück Mozzarella, Olivenöl, die übrigen Walnusskerne und etwas frischen Zitronenabrieb. Mit diesem finalen Liebes-Touch ist der Schmaus endlich komplett.

Kresse-Aioli mit Pinchos Morunos

Aioli ist nicht gleich Aioli. Es gibt innerhalb Spaniens von Region zu Region, von Dorf zu Dorf und von Haushalt zu Haushalt unterschiedliche Methoden. Das habe ich vor allem gelernt, als ich ein Jahr in Spanien gelebt habe. Natürlich habe deshalb auch ich mein eigenes Rezept, und das möchte ich gerne mit euch teilen. Perfekt zu dieser frischen Version passen Fisch, Fleisch und Gemüse aller Art. Ja, sogar mit einem guten Stück Brot oder bei einem Kinoabend mit Tortilla-Chips hat diese unwiderstehliche Sauce ihren Reiz. Wichtig ist nur, dass alle davon essen: Dann ist der Knoblauch-Fluch nämlich gebannt!

30 MINUTEN

FÜR 4 PERSONEN

Für die Aioli

1 Knoblauchzehe
1 TL Senf
50 g Kresse aller Art
1 Eigelb
Saft und Schale von ½ unbehandelten Zitrone
100 ml Samenöl
100 ml Olivenöl
Salz

Für die Pinchos

500 g Schweinefleisch vom Karree oder Kaiserteil
Olivenöl
1 EL geräuchertes Paprikapulver
1 TL gemahlener Kreuzkümmel
1 TL Cayennepfeffer
1 EL frischer Rosmarin, fein gehackt
1 EL frischer Thymian, fein gehackt
Salz

Außerdem

12 Holzspieße, am besten mit eckiger Form

ZUBEREITUNG

AIOLI

1. Zieht die Knoblauchzehe ab und halbiert sie. Entfernt den Keim – das kleine, oft leicht grünliche Herzstück des Knoblauchs – und gebt die geputzten Knoblauchhälften zusammen mit dem Senf, der Kresse, dem Dotter, dem Saft und der Schale der halben Zitrone in ein zylinderförmiges Gefäß.
2. Zerkleinert alles mit einem Stabmixer, bis ein feines Püree entsteht. Betätigt nun weiterhin den Mixer und fügt langsam die beiden Öle hinzu. Dabei ist es wichtig, nicht zu hastig vorzugehen, da diese Emulsion, ähnlich wie bei einer Mayonnaise, etwas Geduld braucht.
3. Wenn eine homogene Creme entstanden ist, seid ihr auch schon fertig. Schmeckt nach Belieben mit Salz ab.

PINCHOS

1. Weicht als ersten Schritt die Holzspieße in Wasser ein. Dadurch schützt ihr sie vor dem Verbrennen auf dem Grill.
2. Schneidet das von allen Sehnen befreite Fleisch in mundgerechte Würfel und mariniert es mit etwas Olivenöl. Gebt nun die gesamten Gewürze und Salz dazu. Alle Fleischstücke sollten gleichmäßig mit der aromatischen Marinade bedeckt sein.
3. Werft in der Zwischenzeit den Grill an. Alternativ funktioniert auch eine Steakpfanne mit dickem Boden. Die Oberfläche muss in beiden Fällen sehr heiß sein.
4. Spießt die Fleischstücke dicht aneinander auf die Spieße auf und gebt sie sogleich auf den Grill. Wendet sie nach zwei Minuten und bratet sie ebenso lange auf der anderen Seite. Holt die Spieße nun vom Grill und lasst sie bei Zimmertemperatur für weitere zwei Minuten ruhen. Schon sind sie fertig und bereit, in die frische Aioli gedippt zu werden.

Fun Fact: Pinchos Morunos heißt zu Deutsch so viel wie »maurische Spieße«. Die Garmethode und vor allem die Gewürze sind nämlich von der arabischen Küche inspiriert. Der Süden Spaniens stand immerhin über große Teile des Mittelalters unter arabischer Herrschaft und hat dabei einen starken Kulturaustausch erlebt. Die letzte maurische Bastion, das Emirat von Granada, wurde erst 1492 im Zuge der sogenannten »Reconquista« zurückerobert.

Lamm

Pamperle

Das Lamm ist seit jeher ein Symbol für das Neue und das Endliche. Es hat vor allem in den verschiedenen Religionen seinen Platz als Opfergabe und als metaphorisches Zeichen der Dankbarkeit für das Leben gefunden. So ähnlich habe ich es auch in Südtirol kennengelernt. Kleinvieh-Zucht hat im Vinschgau und seinen Seitentälern eine sehr lange Tradition, was vor allem mit der unkomplizierten und gebirgstauglichen Haltung der Tiere zu erklären ist. Sie sind Haustiere und Nahrung zugleich. Das ist ein Verhältnis, das sehr nahegeht, und heute oft zu rasch verurteilt wird. Ich glaube hingegen, dass es Verantwortung und Dankbarkeit dem Essen und auch dem Leben gegenüber fördert. Deshalb hat sich hier eine regelrechte Kultur der Wertschätzung erhalten:

Viele Dörfer im Vinschgau feiern jährlich den Schafabtrieb von der Alm, die sogenannte »Schofschoad«, als Festtag, mit Musik und Tanz. Die Wolle der Schafe genießt nach wie vor einen unglaublich hohen Stellenwert als ewig währendes und identitätsstiftendes Textil. Auch in der Haltung sind keine Mühen zu groß: So wird beispielsweise im Schnalstal nach wie vor noch die Gletscher-Transhumanz gepflegt, bei der die Bauern ihre Schafe auf einem mühsamen und gefährlichen Weg über die Alpen in das nahe gelegene Ötztal zur Weide bringen.

Auch unter den jungen Südtirolern finden sich noch genug passionierte Bauern, die ihre Schafe und Ziegen, meist auch als Hobby neben dem normalen Beruf, sorgfältig halten und großziehen. Das ist eine Seite der Medaille, die andere betrifft wiederum den Konsum. Dort gab es viel zu lange neben dem klassischen Kotelett kaum noch Angebot, da das Fleisch durch seinen entschlossenen Geschmack und durch seine oft aufwendige Zubereitungsmethoden gemieden wurde. In den letzten Jahren hat sich das jedoch geändert: Besser organisierte Zusammenschlüsse der ansonsten sehr fragmentierten Kleinviehzüchter und ein Umdenken der kulinarischen Szene haben dafür gesorgt, dass Lamm und Schaf, Kitz und Ziege jenseits der sogenannten »Edelteile« auch wieder im Trend sind. Ich bin ein Fan!

Vinschger »Schöpsernes«

Das »Schöpserne« ist ein sehr herzhafter Eintopf, der sowohl mit Lamm-, Ziegen- oder auch Hammelfleisch zubereitet werden kann. Marillen oder Aprikosen dazuzugeben, die es bei uns zur Genüge gibt, sind ein Geheimtipp von mir, den ich mir aus den ähnlichen Tajine-Rezepten Nordafrikas abgeschaut habe. Die Frucht bringt Süße, Säure und vor allem Spannung mit. Traditionell wurde jedes beliebige Teil des Tiers herangezogen, um ein Festtagsessen für die Familie zu zaubern. Ich empfehle für den Braten die Keule oder die Schulter, weil sie sich besser zum Schmoren eignen und nicht so viel Aufmerksamkeit brauchen wie beispielsweise das Karree. Das Gericht macht richtig Spaß und kann gut im Voraus zubereitet werden. Somit habt ihr, während das Lamm langsam im Ofen dahinschmort und seinen Duft verbreitet, Zeit für Freunde und Familie, denen ihr dann lächelnd und leichtfüßig eine bombastische Kasserolle voller Geschmack vorsetzen könnt.

ZUBEREITUNGSZEIT: 45 MINUTEN • GARZEIT: 2 STUNDEN

FÜR 6 PERSONEN

6 mittelgroße Kartoffeln
4 Karotten
1 Stange Sellerie
4 Zwiebeln
6 Knoblauchzehen
100 g getrocknete Aprikosen
50 g Butter
2 EL Tomatenmark
1 Lammschulter oder -keule mit Knochen, ca. 2 kg
1 kleines Bund frischer Thymian
2 Lorbeerblätter
400 ml Rotwein
Salz
Pfeffer

ZUBEREITUNG

1. Schneidet zuerst die Kartoffeln in etwa 5 cm große Würfel. Zerkleinert dann die Karotten, den Sellerie und die Zwiebeln in ähnlich große Stücke. Das Gemüse erzeugt nicht nur eine tolle Sauce, sondern dient zudem als Beilage zum Lamm und muss deshalb eine ähnliche Garzeit haben. Gebt es nun zusammen mit den abgezogenen Knoblauchzehen und den getrockneten Aprikosen in einen Schmortopf oder eine andere hitzebeständige Form, die ihr zuvor mit der Butter ausgestrichen habt. Fügt das Tomatenmark und 1 Prise Salz hinzu und vermischt alles gut mit den Händen.
2. Würzt das Lammfleisch samt Knochen großzügig mit Salz und Pfeffer und legt es zusammen mit den Kräutern auf das Gemüsebett. Gießt den Rotwein in die Form und fügt so viel Wasser hinzu, dass das Fleisch bis zur Hälfte in der Flüssigkeit schwimmt.
3. Bedeckt nun das Ganze komplett mit einem Deckel oder einer doppelten Schicht Alufolie und schiebt alles bei 165 °C für etwa 3 Stunden (oder bis das Fleisch sich leicht vom Knochen lösen lässt) in den Ofen und verschwendet keinen Gedanken mehr daran.
4. Zum Servieren stellt ihr die Kasserolle am besten in die Mitte des Esstischs, damit sich jeder selbst bedienen kann. Ein Gläschen Wein dazu – und das Festmahl ist vollkommen!

Neapolitanisches Lammragout und Pappardelle

Hier haben wir ebenfalls ein Gericht, das mit den vermeintlich »minderen« Fleischstücken des Lamms am besten schmeckt. Die Idee dahinter ist ähnlich wie bei einem klassisch neapolitanischen Ragout: Große Fleischstücke werden in der Tomatensauce mitgekocht, bis sie zerfallen. Neben einer unglaublich herzhaften Sauce hat man dann noch dieses tolle Fleisch, das wir in unserem Fall einfach in das Ragout zupfen. Verbindet man das Ganze dann noch mit hausgemachter Pasta, entsteht Magie.

ZUBEREITUNGSZEIT: 30 MINUTEN • GARZEIT: 3 STUNDEN

FÜR 6 PERSONEN

Für die Pappardelle
7 gute Eier
600 g Weizenmehl Type 00
Hartweizengrieß zur Verarbeitung der Pasta (Semolina)

Für das Ragout
2 Karotten
2 Zwiebeln
1 Stange Sellerie
1 kg Schmorfleisch vom Lamm (Keule, Schulter, Rippe, Hals o.ä.)
½ Chilischote
200 ml Rotwein
1 kg Dosentomaten
1 Bund frischer Thymian
100 g geriebener Parmesan
Salz
Pfeffer
Olivenöl

ZUBEREITUNG

PAPPARDELLE

1. Gebt die Zutaten für die Pappardelle in den Rührkessel eures elektrischen Rührgeräts und lasst die Maschine mit dem Knetaufsatz etwa 5 Minuten auf niedriger Stufe laufen. Alternativ könnt ihr auch selbst Hand anlegen und den Teig kraftvoll durchkneten. Das Endprodukt sollte in jedem Fall glatt und homogen sein. Wickelt die Teigkugel in Klarsichtfolie ein und lasst sie für mindestens 30 Minuten im Kühlschrank ruhen. Der Teig sollte danach noch um einiges flexibler und geschmeidiger sein als zuvor.
2. Verwendet nun den Nudelwalzaufsatz eures Küchengeräts, eine manuelle Pastawalzmaschine oder alternativ ein Nudelholz. Schneidet 1 cm dicke Scheiben von der Teigkugel und wendet sie in etwas Hartweizengrieß. Beginnt nun, auf der niedrigsten Stufe die Teigscheiben auszurollen. Walzt den Teig Stufe für Stufe weiter, bis er so dünn ist, dass ihr eure Hand unter dem Pastablatt erkennen könnt. Bei konventionellen Nudelmaschinen geschieht dies meist bei der drittletzten Einstellung. Schneidet eure Teigbahnen in etwa 20 cm lange Abschnitte und legt sie, zugedeckt mit einem Küchentuch, beiseite.
3. Wenn alle Teigblätter fertig ausgerollt sind, könnt ihr die Pappardelle mit dem dafür vorgesehen Aufsatz, oder alternativ auch selbst mit einem Messer, schneiden. Rollt dafür die Teigblätter wie eine Roulade auf und schneidet 2–3 cm dicke Streifen ab. Dies sind nun eure fertigen Pappardelle. Bemehlt sie erneut leicht, verteilt sie locker auf eurer Arbeitsfläche und deckt sie bis zum Gebrauch mit einem Küchentuch zu.

ZUBEREITUNG DES RAGOUTS

1. Schneidet die Karotten, die Zwiebeln und den Sellerie in feine Würfel. Schneidet das Fleisch in großzügige Stücke (etwa 5 cm Durchmesser) und würzt es mit Salz und Pfeffer. Knochen können dabei gerne dranbleiben: Sie verleihen der Sauce zusätzlichen Geschmack. Gebt etwas Olivenöl in einen großen Topf und bratet das Fleisch bei hoher Temperatur von allen Seiten an. Um die Temperatur konstant hoch zu halten, könnt ihr diesen Arbeitsschritt in mehreren Etappen absolvieren: Gebt dafür einfach einen Teil des Fleischs dazu, wartet, bis es schön karamellisiert ist, und nehmt es wieder aus dem Topf. Wiederholt diesen Schritt, bis das gesamte Fleisch angebraten ist.
2. Nun ist es Zeit für unseren »Soffritto«. Gebt dafür erneut etwas Olivenöl in die bereits verwendete Pfanne und schwitzt die Gemüsewürfel und den gehackten Chili nun bei niedriger Temperatur darin an. Nach fünf Minuten sollten die Zwiebeln glasig sein. Nun könnt ihr das vorgebratene Fleisch und den Rotwein dazugeben. Lasst diesen für 1 Minute verdampfen und fügt dann die Dosentomaten hinzu. Jetzt fehlt nur mehr 1 kräftige Prise Salz und der Thymian – und das war es auch schon mit dem schwierigen Teil. Deckel drauf und für zwei Stunden leicht köcheln lassen.
3. Nach den 120 Minuten sollte das Lammfleisch leicht zerfallen. Sollte dies noch nicht der Fall sein, könnt ihr die Garzeit um 30 Minuten verlängern. Fischt die Lammstücke aus der Sauce und zerzupft sie auf einem Schneidebrett mit Messer, Gabel oder Händen. Gebt das Fleisch zurück in die Tomatensauce, und fertig ist das köstliche Ragout.
4. Kocht die Pappardelle in reichlich gesalzenem Wasser für 3 Minuten und gebt sie direkt mit etwas Pastawasser in die Sauce. Vermischt die Nudeln gut mit dem Ragout und fügt zum Schluss etwas Olivenöl und den geriebenen Parmesan hinzu. Das Endresultat sollte eine homogene, cremige Pasta sein, voller Geschmack und mediterranem Flair.

Lammwraps mit Rainbow Slaw und Zaziki

Im Titel steht zwar »Wraps«, im Prinzip könnten wir aber auch von Kebab, Gyros oder Burrito sprechen. Im Frühling, wenn Lammfleisch in bester Qualität und zur Genüge angeboten wird, beginnt auch gerade im Haushalt Ortler die Grillsaison. Wieso also diesen Zufall nicht nutzen und das ewige Hühner- und Schweinefleisch mit einem schönen Stück Lamm ersetzen. Mit dem Frischekick des Rainbow Slaws und des Zazikis ist euch der Erfolg garantiert.

20 MINUTEN

FÜR 4 PERSONEN

Für das Zaziki
½ Gurke
1 Knoblauchzehe
300 g griechischer Joghurt
½ Bund frischer Dill, fein gehackt
½ Bund frische Minze, fein gehackt
Saft und Schale von 1 unbehandelten Zitrone
50 ml Olivenöl
Salz
Pfeffer

Für das Grillgut
600 g Lammfleisch von der Spitzrose oder dem Rücken
1 EL gemahlene Koriandersamen
1 EL gemahlener Kreuzkümmel
1 EL geräuchertes Paprikapulver
1 TL Cayennepfeffer
½ EL Salz
Olivenöl

Für den Rainbow Slaw
2 Karotten
100 g frisches Weißkraut
100 g frisches Blaukraut
Salz
3 EL Essig
4 EL Olivenöl

Außerdem
4 Weizentortillas
frische Minzblätter

ZUBEREITUNG

ZAZIKI

1. Halbiert die Gurke zuerst längs und entfernt mit einem Löffel die Samen, diese würden das Zaziki nämlich zu flüssig machen. Werft sie jedoch nicht weg, sie machen sich super in einem sommerlichen Drink (z. B. Moscow Mule) oder einem simplen Energy Water. Hobelt die Gurke samt Schale in grobe Späne und legt sie auf ein Küchentuch. Faltet das Küchentuch nun zusammen und drückt so viel Flüssigkeit wie möglich aus den Gurken.
2. Zieht die Knoblauchzehe ab und halbiert sie. Entfernt den Keim – das kleine, oft leicht grünliche Herzstück des Knoblauchs – und reibt die beiden Hälften fein mit einer Raspel.
3. Gebt den Joghurt zusammen mit dem Knoblauch, den fein gehackten Kräutern, der Schale und dem Saft der Zitrone in eine Schüssel. Rührt nun die Gurke und das Olivenöl unter und schmeckt mit Salz und Pfeffer ab.

LAMM

1. Massiert das Lammfleisch mit etwas Olivenöl ein. Mischt nun die Gewürze mit dem Salz und würzt das Grillgut großzügig damit.
2. Bratet das Fleisch direkt auf euren Kohlen oder in einer Grillpfanne an, bis es auf beiden Seiten klar erkenntliche Rostmarkierungen vorweist. Gebt es dann sogleich auf die indirekte Seite eures Grills (oder in den Ofen) und lasst es dort für 5 Minuten weitergaren.
3. Überprüft eventuell mit einem Fleischthermometer die Kerntemperatur. Bei 53 °C ist das Lamm schön medium und saftig. Nehmt es sogleich vom Grill bzw. aus dem Ofen und lasst es für mindestens 5 Minuten ruhen.

RAINBOW SLAW UND VOLLENDUNG

1. Hobelt oder schneidet die Karotten und beide Krautarten in feine Streifen und schmeckt alles mit Salz, Essig und Olivenöl ab.
2. Wärmt die Tortillas auf dem Grill oder im Ofen und gebt reichlich vom Zaziki und das in dünne Streifen geschnittene Fleisch darauf. Vollendet mit dem Rainbow Slaw und frischen Minzblättern.

Süßwasserfisch
Fischlen, dei's do gib

Angeln ist kein Sport, Angeln ist Kultur. Mit einem Freund am See oder im Bach zu stehen, ist eine Wertschätzung einer zwischenmenschlichen Beziehung. Man muss dabei nicht groß planen, sondern einfach nur sein, sich die Zeit nehmen und im großen Stil relativieren. Das Leben an der Angelrute scheint für mich oft so erleichternd einfach: Man lässt sich von den Elementen berühren und vergisst für kurze Zeit, wie wichtig wir uns alle andauernd nehmen. Udos gesamte Kindheitserinnerung an seinen Großvater spielt sich an den Berggewässern Südtirols ab. Er nahm den Bub mit zum Angeln, um Zeit mit ihm zu verbringen, eine Tradition, ein Liebesbeweis. Diese positive Energie übertrug sich auch auf das Angeln selbst. Das war kein Sportfischen, kein Catch and Release. Es gab auch kein Messband und keine Selfies. Und die gibt es für uns beide bis heute nicht. Wir bevorzugen ein Fläschchen Wein, ein gutes Gespräch, und wenn Mutter Natur gnädig war, auch eine unvergessliche Mahlzeit: der Fisch auf einem heißen Stein im Lagerfeuer, gebraten mit wenig Firlefanz. Das ist wahrer Luxus.

Diesen Purismus pflege ich auch in meinem Restaurant. Ich und viele andere junge Köche Südtirols sind gerade dabei, eine Renaissance der Süßwasserfische einzuleiten. Sie sind eindeutig zu lange abschätzig mit ihren Cousins aus den Meeren verglichen und durch sie ersetzt worden. Ich sage hingegen, dass ein Saibling aus dem Matschertal den Vergleich mit einem erstklassigen Wolfsbarsch nicht fürchten muss oder dass die Lachsforelle aus dem Passeiertal auch mit den besten Lachsen der Nordmeere mithalten kann. Zudem haben unsere Fische einen großen Vorteil: Sie können nachhaltig gezüchtet werden, haben durch die kalten Wassertemperaturen und die hervorragende Wasserqualität eine unglaubliche Hochwertigkeit, und sie sind immer frisch, weil sie nicht aus den entferntesten Gewässern der Welt herbeigeschleppt werden müssen. Jetzt fehlt nur noch der Mensch. Man muss nämlich nicht im Urlaub sein, um Fisch zu essen, und es muss auch keine Fastenzeit geben, um das gewohnte Schnitzel mit etwas anderem zu ersetzen. In diesem Fall war wohl schon länger das Konzept und nicht das Angebot der Fehler. Aber das Spiel ist ja noch nicht zu Ende ...

Südtirol

Forelle pur

Wie bereits erwähnt: Ein Fisch, frisch aus dem Bach, benötigt nicht viel, um glücklich zu machen. Etwas Glut, etwas Salz, womöglich ein paar Kräuter, und man hat alles, was man braucht. Ob mit dem / der Angelpartner*in in der Wildnis oder daheim auf dem Grill, ist ganz euch überlassen. Respektvoll, einfach und wunderschön nostalgisch.

15 MINUTEN

FÜR 4 PERSONEN

4 ganze Forellen ohne Innereien
Olivenöl
2 unbehandelte Zitronen
1 Bund Fenchelgrün
grobes Salz

TIPP

Alternativ könnt ihr den Fisch auch ohne Zangen auf einem Grillrost zubereiten, dies erschwert lediglich das Wenden, funktioniert mit etwas Geduld und einem guten Pfannenwender jedoch genauso.

ZUBEREITUNG

1. Tupft den Fisch mit etwas Küchenpapier ab und beträufelt ihn innen und außen mit Olivenöl. Salzt ihn außen großzügig und in der Bauchhöhle leicht.
2. Schneidet die Zitronen in Scheiben und gebt sie zusammen mit dem Fenchelgrün in die Bauchöffnungen.
3. Klemmt die Fische vorsichtig in eure Fischzangen und gebt sie über heiße Kohle oder Glut. Achtet dabei darauf, dass der Fisch etwas Luft zur Hitzequelle hat, ansonsten verbrennt die Haut zu schnell.
4. Nach 4 Minuten könnt ihr die Forelle wenden, die Haut sollte auf der Unterseite schon knusprig und goldbraun geworden sein. Holt sie nach weiteren 4 Minuten vom Grill und lasst den Fisch für 1 Minute ruhen.
5. Holt ihn danach vorsichtig aus den Fischzangen und serviert ihn ohne Firlefanz mit etwas gutem Olivenöl oder Butter.

Fritto misto mit Kumquat-Kompott

Eigentlich ist dieses Gericht eine Kombination aus zwei italienischen Klassikern: dem Fritto misto di pesce und den Fiori di zucca in pastella. Ich habe lediglich die Meeresfrüchte durch den hier vorhandenen Süßwasserfisch und die klassische Zitrone durch die mittlerweile auch hier sehr verbreitete Kumquat ersetzt. Richtiges Wohlfühlessen, das viel Spaß macht.

35 MINUTEN

FÜR 4 PERSONEN

Für ein Einmachglas Kumquat-Kompott
250 g Kumquats
Saft und Schale von 1 unbehandelten Zitrone
Salz
200 g Zucker
1 rote Chili, in dünne Scheiben geschnitten
1 EL Koriandersamen

Für den Fritto misto
100 g Weizenmehl (alternativ auch Reismehl)
200 ml eiskaltes Sodawasser
500 g Filets vom Süßwasserfisch eurer Wahl (Saibling, Forelle, Renke o. ä.)
12 Zucchiniblüten
Salz
Öl zum Frittieren

ZUBEREITUNG

KOMPOTT

1. Die Kumquats längs vierteln und die Kerne entfernen. 250 ml Wasser, den Zitronensaft, etwas Salz und den Zucker einmal aufkochen lassen.
2. Dann die Kumquats, die Zitronenschale, die Chili und die Koriandersamen hinzufügen und 30 Minuten köcheln lassen. Ihr könnt das Kompott danach gleich servieren oder heiß in Schraubgläser abfüllen, diese nach dem Erkalten fest verschließen und für mindestens 6 Monate dunkel und kühl lagern.

FRITTO

1. Gebt das Mehl in eine Schüssel und fügt schrittweise und unter ständigem Rühren das kalte Sodawasser hinzu. Salzt den Teig kräftig und rührt weiter, bis er eine sahnige Konsistenz erreicht und alle Mehlklumpen verschwunden sind. Lagert den Teig bis zum Gebrauch im Kühlschrank.
2. Erhitzt nun etwas Öl in einem Topf oder einer Fritteuse auf 180 °C. Das Öl sollte weniger als die Hälfte des Topfvolumens ausmachen, ansonsten könnte es beim Frittieren überkochen.
3. Teilt eure grätenlosen Filets in kleine, mundgerechte Stücke und salzt sie leicht. Tunkt nun die Fischstücke nacheinander in den Teig und gebt einige davon in das Öl, ohne den Topf zu überfüllen. Wenn die Panade goldbraun ist, könnt ihr sie aus dem Öl holen, auf einem Küchenpapier abtropfen lassen und erneut leicht salzen. Wiederholt diesen Prozess mit dem gesamten Fisch und den Zucchiniblüten.
4. Serviert den Fritto zusammen mit dem Kumquat-Kompott oder auch gerne einfach mit einer Scheibe Zitrone.

Alpenpoke

Poke kommt ursprünglich aus Hawaii und bedeutet so viel wie »in Stücke schneiden«. Seit zwei Jahren schießen in allen Großstädten die Poke-Läden aus der Erde, und ein Ende dieses Trends ist noch nicht in Sicht. Glurns ist immerhin auch eine Stadt, und Sachen in Stücke schneiden kann ich auch gut. Deshalb meine Version des Poke mit folgender Übersetzung: Lachsforelle = Thunfisch, Quitte = Avocado und Mango, Nackthafer = Reis. Danke für eure Aufmerksamkeit.

40 MINUTEN

FÜR 4 BOWLS

200 g Nackthafer oder Gerste
4 EL Apfelessig
2 EL Honig
2 sehr reife Quitten
Saft und Schale von 2 unbehandelten Zitronen
2 EL Zucker
4 EL leichte Sojasauce
4 EL geröstetes Sesamöl
1 TL Ingwer, fein gerieben
2 Lachsforellen-Filets, ohne Haut und Gräten (à ca. 250 g)
Salz
1 EL Sesam
1 Frühlingszwiebel, in dünne Ringe geschnitten

ZUBEREITUNG

1. Weicht die Haferkörner für eine halbe Stunde in reichlich kaltem Wasser ein. Kocht sie dann in einem Topf mit gesalzenem Wasser für 40 Minuten. Den gegarten Hafer abseihen und noch warm mit dem Essig, 1 EL Honig und evtl. etwas Salz abschmecken.
2. Wascht die Quitten gründlich und entfernt das Kerngehäuse. Schneidet sie in 1,5 cm dicke Würfel und gebt sie zusammen mit dem Saft und dem Abrieb einer Zitrone und dem Zucker in eine Pfanne. Bratet sie für 5 Minuten bei mittlerer Temperatur an, bis der Zucker zu karamellisieren beginnt. Gießt dann 100 ml Wasser dazu und kocht sie zugedeckt für weitere 15 Minuten, bis die Quitten weich sind.
3. Gebt 50 g der gekochten Quitten auf die Seite und püriert sie zusammen mit der Sojasauce, dem zweiten EL Honig, dem Sesamöl, dem geriebenen Ingwer, dem Saft und der Schale der zweiten Zitrone und mixt, bis eine homogene Vinaigrette entsteht. Schneidet den Fisch in 2 cm große Würfel und mariniert ihn mit dieser fruchtigen Marinade.
4. Röstet den Sesam in einer Pfanne oder im Ofen, bis er leicht Farbe annimmt und nussig riecht. Gebt in die Schalen/Bowls jeweils etwas Sushi-Hafer, darauf ein paar Quittenstücke, dann eine ordentliche Portion vom marinierten Fisch. Vollendet mit der Frühlingszwiebel und Sesam.

Brennnessel

Brenneïsl

Es grüßt der Erzfeind jedes Kindes, das gerne Fußball spielt. Zumindest den Kindern in Glurns ging es so, weil unser Sportplatz von Brennnesseln umgeben ist. Die Erklärung ist einfach: Diese Pflanze liebt schwefelhaltige Böden. Wo Gras geschnitten und kompostiert worden ist, wachsen irgendwann unaufhaltsam die Brennnesseln, und wenn gerade dort ein Ball landete, musste der Schuldige ihn in kurzen Hosen holen. Natürlich kein Spaß für den/die Unglückliche*n, jedoch viel Vergnügen für all die anderen, die dabei zuschauen durften.

Mittlerweile hat sich mein Verhältnis zu dieser energischen Pflanze drastisch geändert. Für meine Großeltern sind es immer schon Nutzpflanzen gewesen. Sie wurden als Dünger, Pflanzenschutzmittel gegen Lausbefall, Tierfutter und nicht zuletzt in der Küche als Spinatersatz eingesetzt. Die Brennnessel ist eiweißreich und enthält unter anderem die Mineralien Kalzium, Magnesium, Kalium, Eisen und Silicium sowie die Vitamine A und C. Sie ist somit ein richtiges Superfood. Für ihren Gebrauch gilt es, zwei wichtige Dinge zu beachten: Im Frühling, wenn die Blätter noch klein und zart sind, sind sie am besten, und man kann alle Blätter verwenden. Im Sommer sollte man hingegen vor allem die kleinen Sprösslinge an der Spitze gebrauchen. Für Sirup oder Tee können hingegen auch die größeren Blätter und auch kleine Stängel herangezogen werden.

In jedem Fall sollte man die Brennnessel immer kurz vorgaren, ansonsten gibt es womöglich ein langwieriges »Prickeln« im Gaumen. Meine Rezepte zu diesem Thema sind absichtlich sehr allgemein gehalten, denn der Brennnessel-Spinat-Ersatz funktioniert nach wie vor. Die Alten wussten halt doch hie und da etwas besser ...

Brennnessel-Käse-Knödel

Ich hoffe, es war euch allen klar, dass irgendwann das magische Wort »Knödel« fallen würde. Sogar als Exil-Südtiroler gehörten sie mindestens einmal die Woche auf meinen Speiseplan. Dabei gelang es mir nicht, unsere typischen Knödeldämpfer – siebähnliche Aufsätze aus Metall – zu finden. Das war aber kein Problem mehr, als ich im Asia-Shop diese tollen Bambuskörbe entdeckte. Sie funktionieren genauso und sind zudem stapelbar. Mein Rezept ist übrigens auch ein Knödel-Grundrezept. Ihr könnt die Brennnessel also auch weglassen oder mit Spinat, Speck oder pürierten Rohnen (Rote Bete) ersetzen.

30 MINUTEN

FÜR 4 PERSONEN

4 EL Butter
½ Zwiebel
200 g Brennnesselblätter
150 g schnittfestes Weißbrot
60 ml Milch
2 Eier
100 g schmelzfähiger Bergkäse (alternativ Edamer, Tilsiter oder Fontina)
1 EL Mehl
Salz
Pfeffer

ZUBEREITUNG

1. Erhitzt in einer Pfanne 2 EL Butter und gebt die fein gehackte Zwiebel dazu. Schwitzt sie an, bis sie glasig ist, und fügt die gewaschenen Brennnesselblätter hinzu. Löscht mit einem Schuss Wasser ab und lasst alles mit Deckel für 1 Minute dünsten. Püriert im Anschluss die Brennnessel mit einem Mixstab und schmeckt mit Salz und Pfeffer ab.
2. Schneidet das Brot in kleine Würfel und gebt sie in eine große Schüssel. Mischt die Milch und die Eier unter und lasst alles für 5 Minuten ziehen.
3. Hobelt in der Zwischenzeit 12 dünne Späne vom Bergkäse und schneidet den Rest in kleine Würfel. Legt die Käsespäne auf die Seite – wir brauchen sie später zum »Abschmelzen« – und gebt die Käsewürfel gemeinsam mit dem Mehl zum Brot.
4. Fügt das mittlerweile nicht mehr zu heiße Brennnesselpüree und 1 Prise Salz hinzu. Mischt alles kräftig mit den Händen durch: Der Teig sollte »schmatzen«, das bedeutet, dass die Konsistenz stimmt. Falls er dafür zu trocken oder zu weich sein sollte, jeweils etwas Milch oder Brot hinzufügen.
5. Befeuchtet nun eure Hände mit kaltem Wasser, nehmt eine tennisballgroße Menge des Teigs und formt den Knödel zwischen euren Handflächen, die ihr kreisförmig in die jeweils gegengesetzte Richtung bewegt. Dabei sollte eine womöglich perfekte Kugel entstehen. Falls dies auf Anhieb nicht klappt, einfach weiterprobieren, Übung macht den/die Meister*in.
6. Dämpft die Knödel über kochendem Wasser oder im Dampfgarer für 20 Minuten. Erhitzt in der Zwischenzeit die restlichen 2 EL Butter, bis sie goldbraun geworden ist. Richtet die Knödel an, gebt die Käsespäne darüber und glasiert sie samt euren Knödeln mit der heißen Butter. Perfekt dazu passt jeglicher frische Salat.

Brennnessel-Hugo

Aperitivo ist mehr als nur ein Getränk mit Häppchen dazu. Aperitivo ist ein Lebensgefühl. Man zelebriert die Vorfreude, kommt zusammen, tauscht sich aus und heitert sich im Normalfall auch etwas an. Die Integration dieses Lebensstils fiel uns Südtirolern besonders leicht, weil wir einfach gerne essen und trinken. In Südtirol liegt sogar die Geburtsstätte des allseits bekannten Hugo-Drinks. Deshalb folgt unsere flurin-Version mit Brennnessel-Sirup, welchen ihr übrigens genauso für Schorlen oder Cocktails verwenden könnt. Er ist schnell gemacht und unbedingt einen Versuch wert!

ZUBEREITUNGSZEIT DES SIRUPS: 1 STUNDE • ZUBEREITUNGSZEIT DES HUGO: 1 MINUTE

FÜR 1 LITER BRENNNESSELSIRUP

500 g Zucker
100 g Brennnessel (Blätter und Stängel)
1 unbehandelte Zitrone

Zutaten für 1 Hugo

5 Eiswürfel
2 cl Brennnesselsirup
15 cl Prosecco oder Schaumwein eurer Wahl
1 Schuss Soda

ZUBEREITUNG

SIRUP

1. Bringt in einem Topf 500 ml Wasser und den Zucker zum Kochen.
2. Gebt dann sogleich die gewaschenen Brennnesseln und eine in Scheiben geschnittene Zitrone dazu. Lasst alles für mindestens 1 Stunde ziehen.
3. Siebt nun die Brennnessel und die Zitrone heraus und bringt den Sirup erneut zum Kochen. Füllt ihn noch heiß in Flaschen ab. Ungeöffnet und kühl gelagert ist der Sirup mindestens 6 Monate haltbar.

HUGO

1. Füllt einen Kelch oder ein Weinglas eurer Wahl mit Eiswürfeln.
2. Gebt zuerst den Sirup, dann den Schaumwein und zum Schluss etwas Soda dazu.
3. Rührt alles mit einem Löffel vorsichtig um – und schon ist der perfekte Frühlingsdrink fertig. Als Deko könnt ihr eine Zitronenscheibe und ein kleines Brennnesselblatt verwenden.

Brennnessel-Chimichurri und Beef Short Rib

Chimichurri ist der perfekte Wegbegleiter für jegliches Barbecue, für Schmorgerichte und auch Fisch aller Art. Ich habe dieses Gegenstück zu unserer Kräuterbutter von meinem guten Freund Diego aus Uruguay kennengelernt. Er war für ein Jahr mein WG-Genosse und Vermieter in Palma de Mallorca, ein unglaublich netter und gleichzeitig abgefahrener Typ. Genauso abgefahren ist diese Chimichurri-Version, denn die Brennnessel hat eine einzigartige Aromatik, die man so direkt nur selten in Erfahrung bringt. Grüße an dich, Diego, hasta pronto!

ZUBEREITUNGSZEIT: 30 MINUTEN • GARZEIT: 4 STUNDEN

FÜR 1 GLAS CHIMICHURRI

300 g Brennnesselblätter
1 EL Pinienkerne
Schale und Saft von 1 unbehandelten Zitrone
50 ml Olivenöl
1 Knoblauchzehe
1 Chilischote
½ rote Zwiebel
Salz

FÜR 4 PERSONEN

4 kurze Zwerch- oder Querrippen vom Rind (Short Ribs)
1 EL Salz
1 EL frisch gemahlener Pfeffer
1 EL gemahlener Kreuzkümmel
2 EL geräuchertes Paprikapulver
1 Zwiebel
1 Karotte
1 Stange Sellerie
1 EL Tomatenmark
500 ml Rotwein
3 Lorbeerblätter
Samenöl

ZUBEREITUNG

CHIMICHURRI

1. Bringt in einem Topf leicht gesalzenes Wasser zum Kochen. Stellt daneben eine Schüssel mit kaltem Wasser und Eiswürfeln bereit. Gebt die gewaschenen Brennnesselblätter für etwa 20 Sekunden in das kochende Wasser und schreckt sie sogleich im Eiswasser ab. Dadurch bleiben der frische Geschmack und auch die intensive Farbe der Brennnesseln erhalten.
2. Toastet in einer Pfanne die Pinienkerne an, bis sie goldgelb sind. Mixt sie zusammen mit den blanchierten Brennnesseln, dem Zitronensaft und dem Olivenöl, bis eine grobe Paste entsteht.
3. Hackt den Knoblauch, den Chili und die Zwiebel, so fein ihr könnt, und gebt sie zur Brennnesselpaste. Schmeckt das Chimichurri mit Zitronenschale und Salz ab und füllt alles in ein verschließbares Glas. Im Kühlschrank hält es sich so für mindestens 1 Woche.

SHORT RIBS

1. Bratet die getrennten Short Ribs in einer heißen Bratpfanne oder einem guten Schmortopf mit etwas Öl an, bis sie von allen Seiten kräftig karamellisiert sind. Nehmt das Fleisch aus der Pfanne und mariniert es mit dem Salz, Pfeffer, Kreuzkümmel und Paprika.
2. Schneidet nun die abgezogene Zwiebel, die Karotte und die Selleriestange in 3 cm große Würfel. Verwendet denselben Topf, in dem das Fleisch angebraten wurde, um das Gemüse bei mittlerer Temperatur anzuschwitzen. Sobald es Farbe annimmt, könnt ihr das Tomatenmark hinzufügen. Röstet das Gemüse weiter, bis das Tomatenpüree dunkelbraun geworden ist. Löscht nun mit

TIPP

Dieses tolle Gericht könnt ihr auch im Voraus zubereiten und in den Ofen schieben, wenn ihr es braucht. Zudem habt ihr jede Menge Zeit für eure Gäste, während das Fleisch langsam dahinschmort und einen verlockenden Duft verbreitet.

dem Rotwein ab und kratzt mit einer Spachtel den Bratensatz vom Topfboden. Lasst den Wein für 5 Minuten einreduzieren und fügt dann die Lorbeerblätter und 500 g Wasser hinzu.

3. Platziert die Ribs im Gemüse-Wein-Sud und salzt noch einmal kräftig. Schiebt nun alles mit Deckel bei 170 °C für 4 Stunden in den vorgeheizten Ofen. Danach habt ihr butterweiches Fleisch und eine tolle Natursauce, mit der ihr es glasieren könnt. Serviert es mit dem Chimichurri und ein paar getoasteten Pinienkernen.

Löwenzahn

Zigori

Er ist der scheinbar Unbesiegbare. Eine Wildpflanze, die durch Teer und Beton wächst, von Wind und Wetter unberührt bleibt und so manchen englischen Rasen erobert. Die Rede ist vom Löwenzahn, welcher im Vinschgau zwei Namen trägt: als Nutzpflanze »Zigori« und als Blume »Fockabloam«, was »Schweineblume« bedeutet. Ähnlich wie die Brennnessel war sie vor allem für die ärmere Bevölkerung ein bedeutender Lieferant von Vitaminen und Mineralstoffen. Meine Großmutter schickte meistens ihre Kinder aus, um sie zu sammeln, eine Aufgabe, die zum Spiel mutierte und somit in einer Win-win-Situation endete. Auch Opa Hermann untersuchte in späten Jahren immer wieder vor dem Gang mit dem Rasenmäher alle Ecken und Winkel seines Gartens. Unter seiner Wache wurde kein »Zigori« zurückgelassen. Wilder Löwenzahn hat übrigens auch im norditalienischen Raum eine große kulinarische Bedeutung. So mancher Vinschger Bauer schaute verwundert aus dem Fenster, als er in den 1960er- und 1970er-Jahren beobachten musste, wie Angestellte der Bozner Industrie durch ihre Wiesen streiften und dabei den Löwenzahn pflückten. Sie wussten halt, was anstellen damit.

Damit ihr dies nun auch wisst, ein kurzer Crashkurs über wilden Löwenzahn. Die besten Blätter stammen von den jungen Sprossen im Frühling. Sie sind zart und nur leicht bitter und eignen sich deswegen roh bestens als Salat. Das Spiel ist im Sommer aber noch nicht zu Ende: Die Knospen der bald anstehenden Blüten sind ebenfalls essbar. Sauer eingelegt, fungieren sie als Kapernersatz für kalte Gerichte, Salate und tolle Aperitivi. Wenn die »Zigori« endlich zu Schweineblumen werden, ist es üblich, sie in einem Einweckglas mit Zucker zu bedecken und sie den Sommer über in der Sonne stehen zu lassen, bis der sogenannte »Löwenzahnhonig« entsteht. Jener passt hervorragend zu Süßspeisen und auf ein großzügig gebuttertes Stück Brot. Erst wenn der Löwenzahn seine Metamorphose abgeschlossen hat und die Pusteblumen wie kleine Monde auf den Feldern thronen, ist auch für uns Köche und Köchinnen eine kurze Wartezeit da, bis der Kreislauf wieder von Neuem beginnt.

Importato da Fraenzl Caldaro

Südtiroler Speckmesser

Löwenzahn-Erdäpfel-Salat

Wenn der Löwenzahn jung und frisch ist, zahlt es sich unbedingt aus, ihn roh als Salat zu genießen. Die leichte Bitternote harmoniert unglaublich gut mit gekochten Kartoffeln und kann sowohl als Beilage als auch als leichte Vorspeise serviert werden. Bei meinen Großeltern wurde der Salat meistens mit ihrem selbst gemachten Apfelessig angemacht. Ich habe das Rezept etwas abgeändert, weil zu viel Säure den Geschmack des Löwenzahns erschlägt. Der Sesam bringt hingegen nussige Röstaromen und Crunch mit auf den Teller.

ZUBEREITUNGSZEIT: 5 MINUTEN • GARZEIT: 20 MINUTEN

FÜR 4 PERSONEN

2 Frühlingserdäpfel
200 g frische Löwenzahnblätter
Saft und Schale von 2 unbehandelten Zitronen
8 EL gutes Olivenöl
2 TL Senf
2 TL Honig
Salz
Pfeffer
1 EL Sesamsamen

ZUBEREITUNG

1. Kocht die Erdäpfel für 20 Minuten in siedendem Wasser, lasst sie abkühlen und schneidet sie in mundgerechte Stücke. Wascht in der Zwischenzeit die Löwenzahnblätter gründlich und schneidet mit einem Messer die Wurzelenden ab. Vermischt beides in einer großen Salatschüssel.
2. Gebt in einen trichterförmigen Behälter den Saft und den Abrieb der Zitronen, das Olivenöl, den Senf, den Honig, 1 Prise Salz und Pfeffer. Verwendet einen Mixstab und püriert alles, bis ein geschmeidiges Dressing entsteht.
3. Toastet den Sesam in einer Pfanne oder im Ofen für einige Minuten, bis die Samen eine hellbraune Farbe annehmen und aromatisch duften.
4. Gebt das Dressing und den Sesam über den Salat und mischt alles gut unter. So einfach kann ein tolles Essen sein!

Löwenzahngnocchi mit Burrata und Pilzen

Wie bereits im Einleitungstext erwähnt, wird der Löwenzahn im italienischsprachigen Raum nach wie vor als eine Delikatesse angesehen. Bis heute finden sich noch vereinzelt ambitionierte Sammler auf den Wiesen des Vinschgaus, die aus dem Löwenzahn Salate, Frittate und tolle Pesti herstellen. Dieses Gericht sei ihnen für ihre Mühen gewidmet!

45 MINUTEN

FÜR 4 PERSONEN

Für die Gnocchi
700 g mehligkochende Kartoffeln
150 g Löwenzahnblätter
2 Eier
180 g Mehl
80 g Quark oder Ricotta
Salz
Muskatnuss

Außerdem
2 EL Butter
100 g Pilze
Salz
Pfeffer
2 kleine Burrate

ZUBEREITUNG

GNOCCHI

1. Kocht die Kartoffeln im Dampfgarer (etwa 90 Minuten) oder im Wasser (etwa 40 Minuten), bis sie gar sind. Gebt dabei acht, dass die Kartoffelschale intakt bleibt, ansonsten geht nämlich die für den Teig überaus wichtige Stärke verloren.
2. Gebt die gewaschenen Löwenzahnblätter in kochendes Salzwasser. Siebt sie nach 1 Minute heraus und schreckt sie in einer Schüssel mit Eiswasser ab. Werft das Kochwasser jedoch nicht weg, ihr könnt es später noch für eure Gnocchi verwenden.
3. Drückt die gekochten Löwenzahnblätter fest mit den Händen zusammen, damit die überschüssige Flüssigkeit entweichen kann. Zerkleinert sie nun mit einem Mixstab oder im Mixer zu einem feinen Püree.
4. Schält die noch warmen Kartoffeln und drückt sie durch eine Kartoffelpresse oder »Flotte Lotte«. Formt eine Mulde in den Kartoffelhaufen und gebt das Löwenzahnpüree, die Eier, das Mehl, den Quark, 1 kräftige Prise Salz und eine Messerspitze geriebene Muskatnuss dazu. Verknetet nun alles gründlich mit euren Händen, bis eine homogene Teigkugel entstanden ist. Falls der Teig zu sehr klebt, könnt ihr noch etwas Mehl hinzufügen.
5. Schneidet 2 cm dicke Scheiben von der Teigkugel und rollt sie auf einer bemehlten Arbeitsfläche zu 2 cm dicken Würsten aus. Schneidet mit einer Teigkarte oder einem Messer haselnussgroße Stücke ab und wiederholt diesen Arbeitsschritt, bis ihr den gesamten Teig aufgebraucht habt.
6. Bringt nun das zuvor verwendete Löwenzahn-Salzwasser zum Köcheln und gebt die Gnocchi hinein. Nach wenigen Minuten sollten sie an die Wasseroberfläche steigen. Das ist das Zeichen, dass sie gar und bereit zum Abschöpfen sind.

TIPP

Dieses Rezept gelingt übrigens mit jeglichem Blattgemüse wie z. B. Spinat, Brennnessel oder Basilikum.

ZUR VOLLENDUNG

1. Schmelzt die Butter in einer Schwenkpfanne. Schneidet Pilze eurer Wahl in kleine Stücke und bratet sie in der heißen Butter an, bis keine Flüssigkeit mehr aus ihnen austritt. Würzt sie mit Salz und Pfeffer.
2. Seiht nun die Gnocchi mit einer Siebkelle direkt in die Pfanne zu den Pilzen und schwenkt alles durch. Verteilt die Gnocchi auf den Tellern, zerpflückt auf jede Portion kleine Stücke der Burrata und garniert schlussendlich mit frischen Löwenzahnblättern.

Löwenzahn-Tempura mit Soja-Dip

Wenn ihr euren Gästen einmal etwas wirklich Spannendes vorsetzen wollt, dann müsst ihr dieses Rezept unbedingt probieren. Mir gefällt zudem, dass man dafür sowohl die leicht süßlichen Blüten als auch die etwas bitteren Blätter verwenden kann. Man hat am Schluss also zwei unterschiedliche Konsistenzen und Geschmäcker. Wenn das nicht schon mal Laune macht …

20 MINUTEN

FÜR 4 PERSONEN

100 g griechischer Joghurt
1 EL geröstetes Sesamöl
½ EL Honig
4 EL Sojasauce
Saft von 1 Zitrone
1 Frühlingszwiebel
1 Chilischote
20 Löwenzahnblätter
16 Löwenzahnblüten
100 g Weizenmehl Type 00
(alternativ auch Reismehl)
200 g eiskaltes Sodawasser
Salz
Öl zum Frittieren

ZUBEREITUNG

1. Rührt den Joghurt glatt und fügt das Sesamöl, den Honig, die Sojasauce und den Zitronensaft hinzu. Schneidet die Frühlingszwiebel und die Chili in dünne Streifen und gebt sie ebenfalls in die Sauce.
2. Wascht die Löwenzahnblätter und -blüten gründlich und trocknet sie mit einer Salatschleuder oder einem Küchentuch ab. Gebt das Mehl in eine Schüssel und fügt schrittweise und unter ständigem Rühren das kalte Sodawasser hinzu. Salzt den Teig kräftig und rührt weiter, bis er eine sahnige Konsistenz erreicht hat und alle Mehlklumpen verschwunden sind. Lagert den Teig kühl, denn je kälter er ist, desto knuspriger wird euer Tempura werden.
3. Erhitzt nun etwas Öl in einem Topf oder einer Fritteuse auf 180 °C. Das Öl sollte weniger als die Hälfte des Topfvolumens ausmachen, ansonsten könnte es beim Frittieren überkochen. Tunkt den Löwenzahn einzeln in den Tempura-Teig und frittiert die Blätter und Blüten, bis sie goldgelb und unverschämt knusprig sind.
4. Lasst die Tempura-Snacks auf Küchen- oder Zeitungspapier abtropfen und salzt erneut leicht. Neben eurem Dip passen auch frische Zitronen- oder Limettenscheiben hervorragend dazu.

Spargel
Sporgl

Alle Jahre wieder kommt die Spargelzeit. Ein zweifellos frecher Vorbote des Sommers, ein Schelm, ein Satyr. Die bekannten Anbaugebiete Südtirols finden sich im Bozner Raum um Terlan und Tramin, aber auch im unteren Vinschgau rund um Kastelbell sprießt der Spargel in bester Qualität. Bei uns im oberen Vinschgau finden wir ihn vor allem wild, mit wesentlich weniger Masse und Süße, jedoch mit umso mehr Charakter. Sosehr sich viele darüber freuen, wenn der Spargel lockt, sosehr sind auch einige froh, wenn er sich wieder verabschiedet. Grund dafür ist meistens die mangelnde Abwechslung, denn auch hier gehen uns Köchen und Köchinnen manchmal die Ideen aus.

Dass man den ersten Spargel mit Kräuterschinken und Bozner Sauce isst, das ist ungeschriebenes Südtiroler Gesetz, und daher darf dieses Gericht auch in unserem Kochbuch nicht fehlen. Danach gibt es noch ein paar Versuche mit Risotto und womöglich eine Cremesuppe, aber dann war es das auch schon wieder mit der Kreativität. Ich bin ein absoluter Purist, was den Spargel angeht. Der schmeckt meiner Meinung nach einfach am besten, wenn er so, wie er ist, auf den Teller kommt. Ob gekocht, gedämpft oder gebraten, sei dann jedem selbst überlassen. Zudem habe ich auch eine klare Meinung, was seinen besten Weggefährten betrifft: Das ist für mich eindeutig das Ei. Ein cremiger Dotter eines anständigen Eis, damit meine ich aus Bio- oder Freilandhaltung, oder eine schöne Sauce daraus werden nie enttäuschen. Deshalb gibt es von mir zwei passende Gerichte, die man eher selten antrifft: einmal Spargel als Frittata mit Alpengarnelen und einmal sehr französisch mit Sauce Maltaise und pochiertem Ei. Letzteres ist übrigens auch ein flurin-Klassiker, den ihr sicherlich auf unserer Frühlings-Karte antreffen werdet. Danach ist dann aber auch wieder Ruhe mit dem Rummel rund um den Schelm.

Vinschger Spargel mit Bozner Sauce

Wie bereits vorweggenommen, sprechen wir hier vom Südtiroler Klassiker. Grundlegend dafür ist die Bozner Sauce, eine lokale Version der Sauce Tartar, bei der man das ganze Ei verwenden kann. Zudem ist es ungeheuer wichtig, dass der weiße Spargel äußerst frisch ist. Am besten prüft ihr dies, indem ihr zwei Spargelstangen längs aneinanderreibt. Wenn dabei ein Quietschgeräusch ertönt, habt ihr es mit frischem Spargel zu tun.

20 MINUTEN

FÜR 4 PERSONEN

20 Stangen weißer Spargel
2 gute Eier
2 TL Senf
Saft von 1 Zitrone
150 ml Samenöl
2 EL gehackter Schnittlauch
2 EL Butter
geriebener Parmesan
Salz
Pfeffer
8 Scheiben hochwertiger Kochschinken

TIPP

Sehr gut passen dazu Salz- oder Bratkartoffeln.

ZUBEREITUNG

1. Schneidet die Enden des Spargels so weit ab, bis ihr auf den saftigen Teil stoßt, und schält ihn gründlich mit einem Sparschäler. Ölt und salzt die Spargelstangen leicht ein und dämpft sie mit einem Dämpfaufsatz über siedendem Wasser oder alternativ im Dampfgarer bei 100 °C und 100 Prozent Luftfeuchtigkeit für 10 Minuten.
2. Kocht in der Zwischenzeit die beiden Eier für 7 Minuten in kochendem Wasser. Schreckt sie gleich ab, schält sie, halbiert sie vorsichtig und löffelt das noch fast flüssige Eigelb in eine Schüssel. Hackt das Eiweiß in feine Würfel.
3. Gebt nun den Senf und Zitronensaft, einen Esslöffel Wasser, 1 kräftige Prise Salz und Pfeffer zum Eigelb. Beginnt mit einem Schneebesen oder Handrührgerät zu schlagen, und gießt sehr langsam das Öl dazu. Bleibt dabei sehr geduldig und vergesst nie, nebenbei weiterzurühren. Erwischt man einmal etwas zu viel Öl, könnte die Emulsion misslingen.
4. Sobald das gesamte Öl integriert wurde und sich eine cremige Sauce gebildet hat, könnt ihr die Eiweißwürfel und den Schnittlauch unterheben ... et voilà, ihr habt eine Bozner Sauce.
5. Schmelzt die Butter in einer großen Pfanne und schwenkt den Spargel gemeinsam mit dem Parmesan darin. Schmeckt erneut mit Salz und Pfeffer ab. Gebt jedem eurer Gäste fünf perfekt gegarte Spargel, zwei Scheiben Schinken und reichlich von der Sauce.

Spargel-Frittata mit Alpengarnelen

Dieses italienische Äquivalent zur spanischen Tortilla hat vor allem entlang des Apennins eine lange Tradition. Dabei werden meistens wilder Spargel oder Hopfensprossen verwendet, die auch in Südtirol im Frühjahr in den meisten Wäldern wachsen und die ihr unbedingt mal probieren solltet. Aber keine Sorge, falls es in eurer Gegend mal gerade keine wilden Sprossen geben sollte: Alternativ passt jede andere Spargelsorte ebenso gut.

15 MINUTEN

FÜR 2 PERSONEN

4 gute Eier
1 EL Butter
100 g Spargel aller Art
6 Alpengarnelen
Salz
Pfeffer

ZUBEREITUNG

1. Verquirlt die Eier mit einer Gabel und würzt mit Salz und Pfeffer.
2. Schmelzt die Butter in einer mittelgroßen, feuerfesten Pfanne. Schneidet die geputzten Spargel – egal ob wild, weiß, grün oder violett – in 1 cm dicke Scheiben und bratet sie bei mittlerer Temperatur für 1 Minute an.
3. Würzt die geschälten Garnelen mit Salz und Pfeffer, gebt sie zum Spargel in die Pfanne und bratet sie auf beiden Seiten für jeweils 1 Minute an.
4. Gebt nun die Eimasse dazu und schaltet die Temperatur etwas zurück. Gart die Frittata für 3 Minuten oder bis das Ei an den Rändern zu stocken beginnt.
5. Gebt nun die Pfanne unter den Grill ins Backrohr. Nach 2 Minuten sollte die Frittata außen gar und trotzdem innen noch cremig sein. Nehmt sie vorsichtig mit Topflappen aus dem Ofen und stellt sie auf die Mitte des Esstischs.
6. Optional könnt ihr mit dem Sparschäler noch dünne Scheiben vom grünen Spargel hobeln. Macht sie mit etwas Olivenöl, Essig und Salz an und reicht sie als frischen Salat zur Frittata.

TIPP

Die Alpengarnelen sind ebenfalls ein tolles Produkt aus Hall in Tirol, aber natürlich können auch sie durch andere hochwertige Garnelen ersetzt werden.

Gebratener Spargel mit pochiertem Ei und Sauce Maltaise

Auf vielen Umwegen ist in unserer flurin-Küche ein Spargelgericht entstanden, das alles kann: Es ist farbenfroh, herrlich dekadent und strotzt vor frühlingshafter Frische. Die Hauptakteure sind guter Spargel, gute Eier und Zitrus. Ach ja, und fürchtet euch nicht vor der Sauce Maltaise und dem pochierten Ei: Wir sind immerhin nicht in Versailles – und mit etwas Geduld ist alles machbar.

30 MINUTEN

FÜR 4 PERSONEN

150 g Butter
2 Eigelb
1 EL Senf
2 unbehandelte Blut- oder Tarocco-Orangen
8 weiße Spargel
8 grüne Spargel
1 EL Essig
4 gute Eier
Salz
Pfeffer
Samenöl

ZUBEREITUNG

SAUCE MALTAISE

1. Erhitzt in einer Pfanne die Butter bei mittlerer Temperatur, bis sie goldbraun ist. Passiert sie sogleich durch ein feines Sieb, um die verbrannten Butterpartikel herauszufiltern.
2. Schlagt mit einem Schneebesen das Eigelb, den Senf und den Saft einer Orange auf. Fügt unter ständigem Rühren – man kann dafür auch einen Mixer oder eine Rührmaschine verwenden – die noch heiße Butter in kleinen Schritten hinzu. Seid dabei nicht zu hastig: Beginnt zuerst nur mit Tropfen, dann vielleicht weiter mit einem hauchdünnen Strahl und gebt immer acht, dass die hinzugefügte Butter komplett in die Sauce integriert wurde, bevor ihr weitermacht.
3. Sobald die Butter aufgebraucht ist, sollte die Sauce eine cremige Konsistenz haben. Schmeckt sie mit genügend Salz und Pfeffer ab und haltet sie an einem warmen Ort oder in einer Thermoskanne warm.

SPARGEL UND POCHIERTES EI

1. Drittelt die geputzten und geschälten Spargel (grüne Spargel müssen nicht unbedingt geschält werden) und bratet sie scharf in einer Pfanne mit etwas Öl oder noch besser auf dem Grill an, bis sie auf allen Seiten goldbraun sind. Würzt sie mit Salz und Pfeffer.
2. Nehmt die zweite Orange, reibt die äußerste Schale ab und gebt sie auf die Seite. Schält nun die Orange und schneidet mit einem Messer die »Filets« aus den einzelnen Segmenten. Legt auch diese zur Seite.
3. Bringt in einem Topf etwas Wasser zusammen mit dem Essig zum Kochen. Erzeugt durch schnelles Umrühren einen Strudel und gebt die Eier nacheinander in die Mitte des Strudels. Das

Wasser sollte dabei kurz vor dem Siedepunkt stehen, also nicht kochen, sondern köcheln. Nach 2–3 Minuten sollten die Eier außen gestockt und innen perfekt weich sein.

4. Endlich sind wir bereit zum Anrichten: Legt die gegrillten Spargelstücke wie ein Nest auf den Teller und gebt das leicht gesalzene Ei in die Mitte dieses Nests. Überzieht das Ei großzügig mit der Sauce Maltaise und garniert mit dem Orangenabrieb und den halbierten Filets. Was für eine Kombi!

Huhn
Heandl

Lasst mich etwas behaupten: Die wohl dankbarsten Vögel dieser Erde sind die Hühner. Gerade deshalb war ihre Haltung grundlegend wichtig für die bäuerlich geprägten Haushalte im Vinschgau, und dort gab es nicht nur Eier, sondern auch Suppen und Eintöpfe, worin die Tiere von Kamm bis Kralle verkocht wurden. Die Massenhaltung von Lege- und Masthühnern gehört hingegen nach wie vor zu den eklatantesten Beispielen vom Versagen einer überindustrialisierten Tierzucht. 26 Masthühner pro Quadratmeter sind ebenso unverantwortlich wie eine Haltung von nur 28 Tagen bis zur Schlachtung. Deshalb empfehle ich euch gerade beim Thema Eier und Hühnerfleisch, auf Freiland- oder Bio-Qualität zu achten, um diesen archaischen Tieren etwas Dankbarkeit entgegenzubringen.

Zum Glück gibt es nicht nur hierzulande immer mehr Betriebe, die auf ein nachhaltigeres Konzept umstellen. In Glurns und Umgebung haben sich beispielsweise zwei junge Landwirte dafür entschieden, ihre Wiesen abwechselnd für ihre Hühner freizugeben. Nachts werden diese sogenannten »Wanderhühner« dann in einem mobilen Stall zu einem neuen Stück Land gebracht, wo das fröhliche Scharren von Neuem beginnen kann. In Südtirol ist es mittlerweile auch wieder Trend geworden, sich daheim ein paar Hühner zu halten. Ein befreundeter Koch hat sich erst neulich in seinem Garten einen kleinen Stall mit Auslauf gebaut, und mir kommt es so vor, als rede er seitdem von nichts anderem mehr. Ich selbst bin zwar noch nicht so weit, aber ich verstehe seine Faszination für gefiederte Miniatur-Dinosaurier und zahnfeeähnliche Eiererscheinungen am Morgen.

Jedenfalls finde ich diese Renaissance der Hühnerhaltung super und freue mich umso mehr, wenn ich mit etwas kochen darf, das zuvor bereits große Wertschätzung erhalten hat. Danach sind wir an der Reihe, die Kette fortzusetzen. Ich assoziiere mit einem Huhn immer ein Festtagsessen der Familie. Ein ganzes Tier, ein besonderer Anlass, eine prächtige Präsentation und keine Abfälle. Gerade deshalb habe ich drei Gerichte ausgesucht, bei denen es sich bezahlt macht, ganze Hühner zu verwenden. Die Inspiration kommt dabei wieder von Familientraditionen, Kindheitserinnerungen und … aus Indien.

Das beste Backheandl mit Erdäpfelsalat

Mein Opa Hermann war in seiner Generation einer der wenigen Männer, die daheim in der Küche das Sagen hatten. Er kochte mit viel Leidenschaft und auch mit einer gewissen Offenheit gegenüber Gerichten, die in Südtirol nicht unbedingt »Tradition« hatten. Während der sogenannten »Option«, bei der im von Benito Mussolini regierten Italien eine Umsiedlung der deutschsprachigen Bevölkerung in das sogenannte »Dritte Reich« vorangetrieben wurde, wanderte er mit seinen Geschwistern und seiner Mutter als kleiner Junge für kurze Zeit in das südmährische Znojmo aus. 75 Kilometer von Wien entfernt lernte er als kleiner Bub dieses Gericht kennen, welches ihm offenbar in Erinnerung blieb, so wie es mir später von seiner Hand in Erinnerung bleiben sollte.

40 MINUTEN

FÜR 4 PERSONEN

Für den Erdäpfelsalat

5 festkochende Erdäpfel
5 EL Olivenöl
1 Zwiebel
300 g Gemüsefond
5 EL Apfelessig
Senf
Salz
Pfeffer
Schnittlauch

Für das Backheandl

1 ganzes Huhn zu ca. 1,5 kg
100 g Mehl
300 g grobe Brotbrösel (am besten Panko)
2 Eier
50 ml Milch
Salz
Pfeffer
Öl zum Frittieren

ZUBEREITUNG

SALAT

1. Kocht die gut geputzten Erdäpfel samt Schale für 30 Minuten oder bis sie beinahe gar sind in kochendem Wasser. Es ist wichtig, dass eure Erdäpfel nicht zu lange gekocht werden, weil sie sonst im nächsten Arbeitsschritt zu leicht zerfallen.
2. Schält die gekochten Erdäpfel und schneidet sie in 5 mm dicke Scheiben. Erhitzt das Olivenöl in einer Pfanne und schwitzt die fein gehackte Zwiebel darin an. Fügt die Suppe, den Essig und den Senf hinzu und lasst alles einmal aufkochen.
3. Gebt nun die Erdäpfelscheiben dazu und kocht sie so lange in dem Sud, bis sie vollständig gar gekocht sind und das Dressing leicht cremig geworden ist. Würzt mit Salz, Pfeffer und etwas gehacktem Schnittlauch. Kleiner Tipp: Falls die Erdäpfel zu viel vom Dressing einsaugen sollten und alles etwas trocken wirkt, gebt einfach einen Spritzer Wasser dazu und mischt es vorsichtig unter.

BACKHEANDL

1. Zuerst müsst ihr den Mut aufbringen, das Huhn in seine Einzelteile zu zerlegen. Ihr braucht dafür lediglich eine gute Geflügelschere oder ein schweres Messer. Schneidet zuerst die Flügel und die Keulen vom Rumpf ab. Trennt die Keulen wiederum in Ober- und Unterschenkel. Die beiden Brüstchen können gerne am Knochen bleiben. Teilt dafür den Rumpf einmal längs und die beiden Seiten erneut quer. Insgesamt solltet ihr nun zwei Flügel, vier Keulen- und vier Bruststücke vor euch liegen haben.
2. Damit ist der schwierigste Teil schon geschafft. Nun wird paniert: Würzt die Hühnerteile mit Salz und Pfeffer. Gebt in drei große

Teller oder Schüsseln jeweils das Mehl, die groben Brösel und die Eier mit der Milch. Zerschlagt die Eier mit einer Gabel und salzt sie leicht.

3. Beginnt mit dem ersten Hühnerstück und wendet es im Mehl, dann in der Eimasse und schlussendlich in den Bröseln. Das Endresultat sollte ohne »nackte« Stellen sein. Wiederholt diesen Arbeitsschritt, bis das gesamte Huhn paniert ist.
4. Erhitzt nun das Frittieröl in einem großen Topf oder einer Fritteuse auf 170 °C. Füllt das Behältnis jedoch nicht mehr als bis zu einem Drittel, sonst könnte das Fett beim Frittieren nämlich überlaufen. Legt nun vorsichtig einige panierte Stücke hinein und frittiert sie, bis sie goldbraun sind. Gebt auch hier acht, dass ihr die Pfanne nicht überfüllt, sonst sinkt nämlich die Temperatur des Öls zu rasch, und euer Huhn wird nicht knusprig werden. Salzt die fertig frittierten Teile erneut leicht und lasst sie auf etwas Küchenpapier abtropfen. Trommelt eure Gäste zusammen – und schon kann das große Knuspern beginnen!

Pollo alla bellunese

Wir Südtiroler haben zum Glück nicht nur uns selbst, sondern auch viele Nachbarn, die ebenso gutes Essen machen. So zum Beispiel in der angrenzenden Provinz Belluno, woher dieses schmackhafte Familiengericht stammt. Ursprünglich wird das Huhn dabei zerteilt und in einer Brühe mit den anderen Zutaten gekocht. Ich habe das Rezept hingegen leicht variiert, um ein ganzes Festtagshuhn zuzubereiten, das wieder nach wenigen Handgriffen im Ofen landet und euch dann nicht weiter von den schönen Dingen des Lebens abhält. Perfekt dazu passt eine cremige Polenta, die ebenfalls im Nu zubereitet werden kann.

ZUBEREITUNGSZEIT: 25 MINUTEN • GARZEIT: 2 STUNDEN

FÜR 4 PERSONEN

Für das Huhn
2 Äpfel
2 Zwiebeln
1 Knolle Knoblauch
1 Bund frischer Thymian
3 Lorbeerblätter
50 g Speck
200 ml Weißwein
100 g Butter
50 getrocknete Steinpilze
1 Huhn zu ca. 1,5 kg
100 g frische Pilze
Salz
Pfeffer

Für die Polenta
400 g Polenta Storo oder ein anderes grobes Polentamehl
80 g Butter
80 g geriebener Parmesan

ZUBEREITUNG

HUHN

1. Zuerst brauchen wir ein Gemüsebett für unseren Vogel. Schneidet dafür die Äpfel und die Zwiebeln in Viertel und legt sie in eine leicht geölte Auflaufform. Halbiert nun eine ganze Knoblauchknolle quer und gebt sie mit der Hälfte der Thymianzweige, den Lorbeerblättern und dem in Streifen geschnittenen Speck zum Gemüsebett. Schmeckt alles mit Salz und Pfeffer ab und gießt mit dem Wein und 1,5 l Wasser auf.
2. Nun zum Huhn: Zupft die Blätter des restlichen Thymians ab und gebt sie zur zimmerwarmen Butter. Mahlt die getrockneten Pilze in einem Mixer oder Mörser, bis sie zu Staub geworden sind, und fügt sie ebenfalls hinzu. Schmeckt mit Salz und Pfeffer ab und knetet eure aromatisierte Butter kräftig durch.
3. Jetzt kommt ein etwas ungewöhnlicher Vorgang: Löst die Haut des Huhns mit den Fingerspitzen vorsichtig vom Fleisch, wodurch kleine Taschen über der Brust und den Schenkeln entstehen. In jene Zwischenräume müsst ihr nun die aromatische Butter schieben, bis nichts mehr von ihr übrig ist. Gebt dabei acht, dass ihr die Haut nicht beschädigt, denn sie wird die Butter festhalten und dafür sorgen, dass sie selbst knusprig und das Fleisch saftig und zart wird.
4. Salzt nun nochmals die Haut und die Innenseite des Huhns und legt den Vogel auf das Gemüsebett. Schiebt alles bei 170 °C für 70 Minuten in den Ofen. Gebt dann die frischen Pilze eurer Wahl dazu. Ich habe in diesem Fall Kräuterseitlinge verwendet, Pfifferlinge, Champignons oder Austernpilze passen aber ebenso gut. Grillt nun das Huhn für weitere 20 Minuten oder bis die Haut schön golden und knusprig ist. Überaus wichtig ist es nun, euer Brathühnchen mindestens für 30 Minuten bei Zimmertemperatur ruhen zu lassen. Keine Sorge: Das Huhn wird trotzdem noch warm und vor allem um einiges saftiger sein. Vertraut mir!

POLENTA

1. Während das Huhn ruht, könnt ihr das gesalzene Wasser zum Kochen bringen und unter ständigem Rühren das Maismehl hineinrieseln lassen. Hört keinesfalls auf zu rühren, bis das Wasser erneut kocht. Dreht dann die Temperatur runter und lasst die Polenta für 20 Minuten leicht köcheln.
2. Wenn der Maisgrieß weich ist, könnt ihr die Butter und den geriebenen Parmesan dazugeben. Nun kann die Polenta entweder in diesem Zustand warm gehalten oder gleich mit eurem saftigen Hühnchen samt Beilagen serviert werden.

Mein Hühnercurry

Ich habe daheim immer versucht, etwas zu kochen, das den authentischen Gerichten Indiens etwas näherkommt als das hier sehr beliebte »Geschnetzelte«. Dies wurde vor allem dadurch möglich, dass die Auswahl an Gewürzen im Supermarkt gestiegen ist und in meinem Garten jetzt auch so großartige Kräuter wie Koriander wachsen. Die wesentlichen Unterschiede zum »Curry von damals« liegen deshalb in den markanteren Gewürzen und in der cremigen Konsistenz, die durch gemahlene Nüsse erzeugt wird.

40 MINUTEN

FÜR 6 PERSONEN

1 Handvoll Haselnusskerne
100 ml Milch
1 Huhn zu ca. 1,5 kg
2 EL Garam Masala
3 Zwiebeln
½ EL gemahlener Kreuzkümmel
½ EL Kurkuma
½ Bund frischer Koriander
2 Lorbeerblätter
½ Zimtstange
1 daumengroßes Stück Ingwer
1 Chilischote
2 Knoblauchzehen
1 EL Tomatenmark
300 g Sahne
Schale und Saft von
1 unbehandelten Zitrone
1 EL gemahlene Koriandersamen
Salz
Samenöl

ZUBEREITUNG

1. Weicht zuerst die Haselnusskerne in der Milch ein (alternativ können auch Cashew- oder Erdnusskerne verwendet werden). Zerlegt dann das Huhn, wie im Rezept »Das beste Backheandl mit Erdäpfelsalat« beschrieben (siehe Seite 74), in seine Einzelteile. Nun könnt ihr selbst wählen, ob ihr das Fleisch vom Knochen lösen möchtet oder nicht. Ich finde für meinen Teil Hähnchenfleisch am Knochen immer am besten.
2. Würzt das Huhn mit reichlich Salz und einem Esslöffel Garam Masala. Gießt nun etwas Öl in eine Pfanne und erhitzt es gut. Gebt die Hühnerteile in die Pfanne und bratet sie von allen Seiten an, bis sie goldbraun sind. Nehmt sie aus der Pfanne und legt sie beiseite.
3. Hackt die Zwiebeln in feine Würfel und gebt sie in die bereits verwendete Pfanne. Schwitzt sie für einige Minuten an, bis sie glasig sind, und fügt nun alle Gewürze, die Lorbeerblätter, die Zimtstange, den fein geriebenen Ingwer, die fein gehackte Chilischote und den fein gehackten Knoblauch hinzu. Schwitzt alles für 1 Minute an und gebt das Tomatenmark dazu. Röstet diese »Currypaste« für 1 weitere Minute oder bis die Farbe intensiv purpurrot ist.
4. Gießt eure Currybasis mit der Sahne und einem Schuss Wasser auf und legt die Hühnerschenkel und Flügel hinein. Würzt mit etwas Salz und lasst alles zugedeckt für 20 Minuten köcheln. Püriert in der Zwischenzeit die eingeweichten Nüsse samt der Milch fein mit einem Mixstab und gebt diese Creme zusammen mit dem Brustfleisch in das Curry. Lasst es nun ohne Deckel für weitere 15 Minuten leicht köcheln. Fügt gelegentlich etwas Wasser hinzu.
5. Vollendet das seidige Curry mit der geriebenen Schale und dem Saft einer Zitrone, dem Koriander und ein paar getoasteten Nüssen. Stellt diesen Topf voller Wohltaten in die Tischmitte. Perfekt passen weißer Reis oder Fladenbrot dazu.

Bohnen
Frseiln

Mein Opa Hermann hatte einen riesigen Garten voller Bohnenranken. Er hatte eine besondere Liebe zu diesen märchenhaften Pflanzen, und das hatte mehrere Gründe. Erstens waren sie spannend anzubauen, mit langen Bambusstangen, an denen sie emporklettern konnten, und mit immer wieder neuen Sorten und Kreuzungen, die in der Erntezeit jeden Tag große Erträge brachten. Zweitens konnte man den Überschuss trocknen und hatte damit auch für den kalten Winter Bohnen aus dem eigenen Garten, die lediglich in Wasser eingeweicht werden mussten, um zu neuem Leben zu erwachen. Zusätzlich musste Hermann, der aus jener Generation stammte, die nicht gerne Geld ausgab, kein neues Saatgut kaufen, da diese getrockneten »Frseiln« auch als solches fungierten. Last but not least kochte und aß er sie einfach unglaublich gerne, was irgendwann auch zur Belastung für andere Familienmitglieder werden sollte. Mein Vater Fred, der ansonsten eigentlich alles isst und probiert, hat vom Bohnenwahn meines Großvaters ein Trauma davongetragen. Gerne lässt er heute noch eine Pasta e Fagioli aus, um nicht an jene Kindheitsjahre zurückzudenken, in denen sie sieben Tage die Woche auf dem Tisch stand.

Auf mich hingegen hat sich die Faszination meines Großvaters übertragen. Bohnen zu ernten und zu säubern (im Vinschgerischen »brocken«) hat auf mich eine fast therapeutische Wirkung. Sie im Wasser quellen zu lassen und herauszufinden, dass sie wie Urkrebse wieder zum Leben erwachen, fasziniert mich ebenfalls, und nichts geht suppentechnisch über Opas Pasta e Fagioli, die ihm von seinen Militärkollegen in Spoleto beigebracht wurde. Um dafür zu sorgen, dass es niemandem ergeht wie meinem Vater, gibt es noch zwei weitere Gerichte, die etwas Abwechslung mit sich bringen: einen frischen Salat mit grünen Bohnen und eine Version des allseits beliebten Hummus. Ich lege euch ans Herz, diese vielseitigen Proteinlieferanten zu probieren und wenn möglich auch anzubauen. Luis Stefan Stecher, der die berühmten »Korrnrliadr« verfasste und darin ein Stück Vinschger Mentalität verewigte, meinte immerhin: »It lai di Räasln plian roat, roat plian aa di Frseiln – Nicht nur Rosen blühen rot, sondern auch die Bohnen.«

Bohnensalat mit Räucherforelle und Kren

Dieser spannende Salat ist in dieser Konstellation zugegeben nicht wirklich ein Vinschger Traditionsgericht. Vielmehr habe ich zwei Lieben meiner Großeltern, einerseits die bereits angeführte zu den Hülsenfrüchten, anderseits jene zu Konserven- und Räucherfisch, zu einer Art alpinem Nizza-Salat vereint. Mein Vater erzählt gerne, wie die Leute an den Freitagen Schlange standen, um im Geschäft meiner Großeltern eingelegten Aal oder Makrele, Stockfisch und Räucherfisch zu kaufen. Falls das Geld dafür mal nicht reichte, dann wurden auch gerne das Öl, in dem sie eingelegt waren, oder die übrigen Gräten des Räucherfischs mitgenommen, um daraus immerhin eine schmackhafte Pastasauce zu zaubern. Gelüste machen halt erfinderisch.

10 MINUTEN

FÜR 4 PERSONEN

200 g grüne Bohnen
1 kleine rote Zwiebel
100 g Joghurt
1 EL frisch geriebener Meerrettich
2 Räucherforellenfilets
2 EL Buchweizenkörner
Essig
Olivenöl
Salz

TIPP

Zu diesem Salat passen auch sehr gut frische Herbstfrüchte wie Apfel, Birne, Traube oder Granatapfel. Auch die Bohnen können problemlos durch Linsen oder Erbsen ersetzt werden.

ZUBEREITUNG

1. Schneidet die Enden der Bohnen ab. Kocht die Bohnen in siedendem Salzwasser für 5 Minuten. Schreckt sie sogleich in eiskaltem Wasser ab, um den Garprozess zu stoppen und das lebendige Grün vor dem Ergrauen zu retten. Alternativ könnt ihr die Bohnen auch im Dampfgarer bei 100 °C und 100 Prozent Wassersättigung für 10 Minuten garen. Abschrecken solltet ihr die Bohnen trotzdem.
2. Schneidet die Zwiebel in feine Streifen, würzt sie mit Salz und Essig und drückt sie mit den Händen zusammen. Dadurch wird die Zwiebel leicht vorgegart und verliert etwas von ihrer uneleganten Schärfe.
3. Würzt den Joghurt mit dem geriebenen Kren, Salz und Pfeffer. Zerzupft die Räucherforelle in kleine Stücke und vergewissert euch, dass keine lästigen Gräten dabei sind. Die könnt ihr in jenem Fall einfach mit einer Pinzette aus dem Fleisch ziehen.
4. Toastet den Buchweizen in einer heißen Pfanne oder im Backrohr mit 1 Prise Salz, bis er leicht Farbe annimmt und nussig riecht.
5. Richtet nun euren Salat an, indem ihr die Bohnen mit Salz, Olivenöl und Essig anmacht. Gebt nun die Fischflocken und die marinierten Zwiebeln darauf. Für einen knalligen Abschluss fehlen lediglich ein paar Kleckse vom Krenjoghurt und der getoastete Buchweizen.

Pasta e fagioli del nonno

Das absolute Lieblingsgericht meines Großvaters stand im flurin zur Zeit des Glurnser Advents sogar auf der Karte. Ihr solltet dieses Rezept unbedingt probieren, denn es ist schön deftig, kann sowohl vegetarisch als auch mit Speck zubereitet werden und wärmt nicht nur den Magen, sondern auch die Seele. Ich mache daheim immer gerne einen etwas größeren Topf davon, denn auch Opa Hermann wurde nie müde zu betonen: »Gwermp isch sie nu bessr! – Aufgewärmt schmeckt sie noch besser!«

ZUBEREITUNGSZEIT: 15 MINUTEN • GARZEIT: 50 MINUTEN

FÜR 4 PERSONEN

300 g getrocknete Borlotti-Bohnen oder andere Bohnen eurer Wahl
½ Zwiebel
1 Karotte
1 Selleriestange
gutes Olivenöl
1 EL Tomatenmark
100 g Speck mit Schwarte (optional)
1 Bund frischer Rosmarin
1 EL Paprikapulver
100 ml Rotwein
200 g kurze Suppenpasta (z. B. Ditalini)
4 EL Parmesan
Salz
Pfeffer

ZUBEREITUNG

1. Weicht die Bohnen für mindestens 5 Stunden oder am besten über Nacht in reichlich Wasser ein. Dadurch werden sie wieder zum Leben erweckt. In stressigen Momenten könnt ihr auch vorgekochte Dosenbohnen verwenden, reduziert dabei die Kochzeit um 30 Minuten.
2. Hackt die Zwiebel, die Karotte und die Selleriestange in feine Würfel. Erwärmt etwas Olivenöl in einem Topf und schwitzt das Gemüse für 5 Minuten bei mittlerer Temperatur an.
3. Gebt nun das Tomatenmark dazu und röstet alles weiter, bis das Mark dunkelrot geworden ist. Fügt das ganze Stück Speck samt Schwarte, den zusammengebundenen Rosmarin und das Paprikapulver hinzu und röstet alles für 1 weitere Minute.
4. Löscht nun mit dem Rotwein ab und gebt die abgetropften Bohnen dazu. Kocht den Wein für 1 weitere Minute ein und gießt mit 1,5 Liter Wasser auf. Nun fehlt nur noch 1 kräftige Prise Salz und Pfeffer, und der schwierige Teil ist schon gemeistert. Lasst die Suppe nun für 45 Minuten oder einfach, bis eure Bohnen weich sind, köcheln.
5. Holt dann den Rosmarin, den Speck und etwa die Hälfte der Bohnen mit einer Siebkelle aus der Suppe und legt sie auf die Seite. Püriert nun die Suppe mit den restlichen Bohnen, bis eine dünne Creme entsteht, und schmeckt erneut mit Salz und Pfeffer ab.
6. Kocht inzwischen die Pasta in reichlich Salzwasser, bis sie sehr »al dente« ist. Gebt die noch etwas zu harte Pasta gemeinsam mit den restlichen Bohnen und dem nun in dünne Streifen geschnittenen Speck zurück in die Suppe und lasst alles für weitere 2 Minuten ziehen. Serviert die Suppe mit einem Spritzer gutem Olivenöl und frisch geriebenem Parmesan.

Bohnen-Hummus

Dem Hummus ist ein Siegeszug um die Welt gelungen, und kaum etwas versprüht derart orientalisches Flair wie dieses einfache Püree aus Hülsenfrüchten. Das Geheimnis ist meiner Meinung nach die Courage beim Abschmecken: Nur genügend Salz, Säure und Gewürze machen aus einem guten Hummus einen richtig guten Hummus, der sich als Beilage sowie als überraschender Aperitif-Snack bestens eignet.

ZUBEREITUNGSZEIT: 10 MINUTEN • GARZEIT: 45 MINUTEN

FÜR 4 PERSONEN

100 g getrocknete Canellini-Bohnen oder andere Bohnen eurer Wahl
1 Knoblauchzehe
Saft und Schale von 1 unbehandelten Zitrone
6 EL gutes Olivenöl
2 EL Sesampaste (Tahini), alternativ funktioniert auch Erdnussbutter
1 EL gemahlener Kreuzkümmel
½ EL geräuchertes Paprikapulver
½ EL gemahlene Koriandersamen
1 TL Cayennepfeffer
Salz
Sumach (optional)

ZUBEREITUNG

1. Lasst die Bohnen für mindestens 5 Stunden oder am besten über Nacht in reichlich kaltem Wasser quellen. Kocht sie dann in Salzwasser für 45 Minuten oder bis sie sehr weich sind. Schöpft während des Kochvorgangs immer wieder den Schaum an der Wasseroberfläche ab.
2. Gebt die Bohnen zusammen mit der geschälten Knoblauchzehe, dem Saft und der Schale der Zitrone, dem Olivenöl, dem Tahini und den Gewürzen in einen Mixer. Püriert so lange, bis eine rustikale, nicht zu feine Creme entstanden ist. Fügt nach Bedarf etwas Wasser und Salz hinzu.
3. Serviert den Hummus kalt oder warm, mit etwas gutem Olivenöl und 1 Prise Sumach. Perfekt dazu passen Brot, frisches Gemüse und Oliven.

Aprikosen

Marilln

Der Marillenanbau hat im Vinschgau eine lange Tradition, die ihren Ursprung weit vor dem Apfel-Boom hat. Damals war es üblich, auf den zahlreichen Kornfeldern Bäume zu setzen, da jene von den gepflügten Böden profitierten. In der Regel wurden die Früchte nicht vom Baum gepflückt, sondern lediglich zusammengesucht, sobald sie reif zu Boden fielen. Diese scheinbar nachlässige Methode war nicht der Faulheit der Landwirte geschuldet, sondern dem Anspruch, überaus reife, wenn auch nicht mehr wunderschöne Früchte zu ernten. Der Grund ist folgender: Dieses sehr süße Fallobst wurde zum Großteil von den vielen Hobby-Schnapsbrennern und Schnapsbrennerinnen benutzt, welche immerhin auch einen wichtigen Stellenwert in der Gesellschaft einnahmen. Die restlichen Marillen wurden hingegen meist eingekocht, und auch hier konnten durch den natürlichen Zuckergehalt Zusätze gespart werden. Es gibt im Vinschgau nach wie vor eine autochthone Berg-Aprikosensorte, die schlicht als »Vinschger Marille« bezeichnet wird. Sie wächst auf bis zu 1000 Höhenmetern, hat ein sehr liebliches Aroma und kann meist nur alle zwei Jahre geerntet werden. Ihr Kult geht sogar so weit, dass sie im für seinen Marmorbruch bekannten Örtchen Laas beim jährlichen »Marmor- und Marillenfest« angepriesen wird. Sie wird mittlerweile zwar vorwiegend gepflückt, wie die Palabirne ist aber auch sie nicht sehr lange lagerbar, weshalb sie in einer Saison von 2 Wochen geerntet und auch verwertet werden muss. Nach wie vor sind Brände, Liköre und Marmeladen die beliebtesten Verarbeitungsmethoden geblieben. Trotzdem gibt es auch genügend Süßspeisen, wie beispielsweise die allseits beliebten Marillenknödel, die im Marillenjahr nicht fehlen dürfen. Aber keine Sorge, wenn ihr gerade keine Vinschger Marille zur Hand haben solltet: Alle Rezepte funktionieren auch mit herkömmlichen Sorten, aber auch hier gilt: Der Geschmack übertrumpft die Ideale der konventionellen Ästhetik.

Marillen-Mohn-Knödel

Bei Marillenknödeln gibt es den ewigen Streit, ob man sie mit Quark- oder Kartoffelteig zubereitet bzw. ob man sie im Wasser siedet oder dämpft. Ich bin für Quark und Dampf, weil die Zubereitung einfacher bzw. risikofreier ist und das Endresultat auch geschmacklich vollkommen überzeugt. Der Mohn ist ein Extra für Liebhaber, wie ich einer bin. Perfekt dazu passt eine warme Vanillesauce oder ein freches Kügelchen Eis.

40 MINUTEN

FÜR 4 PERSONEN

70 g zimmerwarme Butter
50 g Zucker
1 Ei
1 Prise Salz
Mark von ½ Vanilleschote
140 g Mehl
250 g Quark
12 reife Marillen
20 g Brösel
20 g Mohn

ZUBEREITUNG

1. Schlagt 50 g zimmerwarme Butter, 30 g Zucker, das Ei, das Salz und das Mark der halben Vanilleschote mit einem Schneebesen oder einer Küchenmaschine auf, bis eine luftige Creme entstanden ist. Mischt schrittweise das Mehl und den Quark unter, bis ihr einen homogenen Teig vor euch habt.
2. Schneidet jeder Marille einen Schlitz in die Seite und entfernt den Kern. Bemehlt eure Hände, nehmt ein golfballgroßes Stück Teig und drückt es flach. Gebt die Marille in die Mitte und umschließt sie mit dem Teig. Bemehlt erneut die Hände und formt eine halbwegs gleichmäßige Kugel ohne Löcher. Keine Sorge wenn der Teig dabei etwas klebt, dann einfach etwas Mehl zur Hilfe nehmen und weitermachen. Wiederholt diesen Arbeitsschritt, bis ihr 12 Knödel geformt habt. Legt sie auf ein Lochblech für den Dampfgarer oder in den Dampfaufsatz eures Kochtopfs (Bambuskörbe funktionieren dafür übrigens auch sehr gut) und dämpft die Knödel für 20 Minuten.
3. Schmelzt in der Zwischenzeit die restlichen 20 g Butter und röstet darin die Brösel und den Mohn, bis sie leicht Farbe annehmen. Gebt die restlichen 20 g Zucker dazu und verrührt alles gut. Wälzt die Knödel darin und serviert sie sogleich euren Lieblingsmenschen.

Marillen-Crostata mit Ricotta und Zitrone

Crostata gehört zum klassischen Frühstücksgebäck in den italienischen Pasticcerie. Meistens handelt es sich dabei um einen Mürbeteig, der mit einer Marmelade bestrichen wurde. Diese Version ist hingegen mit frischer Marille und hat durch den Ricotta leichte Züge eines Cheesecakes. Perfekt für jene Morgenmomente des Lebens, in denen etwas süße Motivation guttut.

ZUBEREITUNGSZEIT: 30 MINUTEN • GARZEIT: 45 MINUTEN

FÜR TARTE-FORM MIT 23 CM DURCHMESSER

Für den Mürbeteig
220 g Butter, gewürfelt
140 g Staubzucker
1 Prise Salz
350 g Weizenmehl Type 00
2 Eigelb

Für den Belag
400 g frischer Ricotta
1 Ei
10 Minzblätter, in dünne Streifen geschnitten
Schale von 1 unbehandelten Zitrone
Mark von ½ Vanilleschote
100 g Zucker
8 Marillen

TIPP

Falls etwas Teig übrig bleiben sollte, könnt ihr daraus Kekse backen oder ihn auch einfach einfrieren und bei Gelegenheit für ein anderes Gericht verwenden.

ZUBEREITUNG

1. Gebt alle Zutaten für den Mürbeteig in den Rührkessel einer Küchenmaschine und rührt bei niedriger Stufe für 5 Minuten mit dem Knetaufsatz. Alternativ könnt ihr den Teig auch von Hand kneten, beginnt dabei jedoch damit, die in diesem Fall unbedingt kalte Butter mit dem Zucker, Salz und dem Mehl zu verarbeiten, bis eine Art Brösel entsteht. Gebt dann erst das Eigelb hinzu und knetet weiter, bis ein homogener, fester Teig entsteht. Wickelt ihn in Klarsichtfolie und gebt ihn für 30 Minuten in den Kühlschrank.
2. Lasst den Ricotta in einem Sieb oder einem Tuch abtropfen, um die überschüssige Flüssigkeit auszulassen. Rührt nun den Frischkäse zusammen mit dem Ei, den in dünne Streifen geschnittenen Minzblättern, dem Zitronenabrieb, dem Mark der halben Vanilleschote und dem Zucker zu einer glatten Creme.
3. Entkernt die Marillen und schneidet sie in 1 cm dicke Scheiben. Legt ein Viertel des Teigs für die optionale Verzierung am Ende beiseite. Rollt nun den Großteil des Mürbeteigs zwischen zwei Seiten Backpapier aus, bis ihr einen runden Fladen erhaltet, der etwas größer als eure Backform sein sollte. Gebt den ausgerollten Teig in die eingefettete Kuchenform und drückt ihn vorsichtig in alle Winkel und Ecken. Schneidet den überschüssigen Teig an den Rändern ab und stecht mit einer Gabel einige Löcher in den Kuchenboden. Dies sorgt dafür, dass euer Mürbeteig während der Garzeit nicht die Füllung in die Höhe drückt.
4. Gebt nun die Ricottacreme darüber und streicht sie mit einer Spachtel flach. Verteilt die Marillenscheiben auf der Creme und drückt sie etwas an. Rollt den überschüssigen Teig wie im vorherigen Arbeitsschritt aus und schneidet 1 cm dicke Streifen ab. Gebt jene überkreuzt auf euren Kuchen und pinselt sie mit etwas Eigelb ein. Ihr könnt diese Verzierung auch weglassen, der Kuchen wird dennoch gelingen.

5. Gebt die Form direkt auf den Ofenboden oder auf die unterste Schiene eures vorgeheizten Backrohrs und gart eure Crostata bei 175 °C für 45 Minuten oder bis sie goldbraun ist.

Exotisches Marillenchutney

Für mich hat die Marille vor allem eine neue Interpretation ermöglicht: Sie ist meine heimische »Südfrucht«. Ich habe im Restaurant lange nach einem regionalen Ersatz für die beliebten Exoten gesucht, und die Marille war meine Erleuchtung. Sie hat eine intensiv orange-gelbe Farbe wie eine Papaya, sie ist zu Beginn der Erntezeit leicht säuerlich wie eine Passionsfrucht und in ihrem optimalen Reifestadium cremig wie eine Banane und süß wie eine reife Mango. Für Gerichte mit exotischem Touch wecke ich sie am liebsten als Chutney ein. Mit Chilis und Gewürzen aufgepeppt, hat man dann eine tolle Basis für Currys, eine erfrischende Beilage für Fisch- und Fleischgerichte oder eine spannende Salsa für Antipasti aller Art.

20 MINUTEN

FÜR 4 GROSSE EINMACHGLÄSER

1 kleine Zwiebel
1 Chilischote
1 daumengroßes Stück Ingwer
1 Prise Salz
1 Knoblauchzehe
4 Kardamomkapseln
1 EL Koriandersamen
1 TL Kreuzkümmelsamen
1 EL Schwarzkümmelsamen (optional)
1 EL Kurkumapulver
2 kg feste Marillen
200 g Zucker
200 g Gelierzucker
400 ml milder Apfelessig
Öl

ZUBEREITUNG

1. Gebt die abgezogene Zwiebel, die Chilischote, den geschälten Ingwer, 1 Prise Salz und die abgezogene Knoblauchzehe in einen Mixer und zerkleinert alles für wenige Sekunden, bis eine grobe Paste entstanden ist. Alternativ könnt ihr auch alle Elemente hobeln oder fein hacken.
2. Erhitzt in einer Pfanne etwas Öl und toastet darin alle Gewürze für einige Minuten oder bis sie aromatisch riechen. Gebt dann sogleich die Currypaste dazu und dünstet alles, bis die austretende Flüssigkeit komplett verkocht ist.
3. Entkernt und schneidet in der Zwischenzeit eure festen Marillen in 1 cm dicke Scheiben. Gebt sie zu den Gewürzen in die heiße Pfanne und schwenkt kräftig durch.
4. Fügt nun beide Zucker und den Essig hinzu und lasst alles für 10 Minuten kochen. Füllt euer Chutney noch heiß in sterilisierte Weckgläser und lagert sie kühl und dunkel. In der Regel hält es sich mindestens 6 Monate.

Erdbeere

Earbeïr

Es gibt meines Erachtens einige Obst- und Gemüsesorten, bei denen man die geschmacklichen Unterschiede deutlicher merkt als bei anderen. So verhält es sich mit Erdbeeren: Schöne – nennen wir sie besser »makellose« – Erdbeeren gibt es zur Genüge in sehr vielen Supermärkten und leider auch Restaurants das ganze Jahr über. Richtig gute »Wow«-Erdbeeren findet man hingegen selten und nur in der Saison. Entscheidend sind dabei die Sorte und die Herkunft. Ohne sich zu lange mit Erdbeersorten zu befassen, zählt meistens die Devise: je kleiner, umso schmackhafter – je größer, desto fader. Bei der Herkunft geht es vor allem darum, dass sie so reif wie möglich geerntet werden müssen, um ihren vollen Geschmack zu entfalten. Sie reif zu ernten, bedeutet jedoch auch eine kurze Haltbarkeit, und das bedeutet wiederum, dass sich die besonders reifen Erdbeeren nicht für lange Transporte eignen. Die Besten der Besten kommen deshalb aus dem eigenen Garten und dann aus der unmittelbaren Nähe. Wir haben in Südtirol glücklicherweise sehr gute Erdbeer-Anbaugebiete, was vor allem auf die warmen Tage mit viel Sonne und die kalten Nächte zurückzuführen ist. Man darf dabei keinesfalls die saisonalen Unterschiede der Territorien vergessen: So sind im Vinschgau die Erdbeeren erst im Spätsommer reif, zur Freude der italienischen Urlauber, weshalb sie auch liebevoll als »Ferragosto-Erdbeeren« bezeichnet werden.

Wenn es nun darum ginge, drei repräsentative Rezepte für die drei Kochtraditionen Südtirols auszusuchen, so fiele es mir in diesem Falle besonders schwer, denn die Erdbeere ist immerhin die kulinarische Muse eines jeden Kindes. Ihr Aussehen und ihr Geschmack sind verlockend, sie verkörpert den Sommer und kann jeder Süßigkeit die Stirn bieten. In einem Garten-Wettkampf mit zwei älteren Geschwistern werden die reifen Erdbeeren nicht etwa gepflückt, sondern geraubt, wie die verbotene Frucht im Garten Eden, und dann sogleich in den Mund gestopft.

Bei den gewählten Gerichten hat mich deshalb in allen drei Fällen das Kind in mir geleitet: der unvergessliche Erdbeer-Milchreis meiner Mutter, die erfrischende Granita am Strand und das Trifle, ein Dessert, das mich immer wieder an meine Zeit in England erinnert. Nun müssen wir nur die richtigen Erdbeeren finden, und die Zeitreise kann beginnen.

Mama Luises Erdbeer-Milchreis

Interessanterweise scheiden sich bei Milchreis sehr oft die Geister. Entweder man liebt ihn – oder man hasst ihn. Wer ihn liebt, hat mit dieser Version von meiner Mutter sicher große Freude. Wer ihn hasst, kann ihn womöglich neu entdecken. Die Erdbeeren machen den Reis durch ihre natürliche Säure etwas leichter. Das Basilikum bringt hingegen Spannung und Aromatik. Gemeinsam sorgen diese Extrakomponenten dafür, dass nicht schon nach dem zweiten Löffel Schluss ist. In kleinen Einheiten und mit einer Kugel Eis eignet sich der Milchreis übrigens auch hervorragend als Dessert.

30 MINUTEN

FÜR 4 PERSONEN

200 g Risotto-Reis (idealerweise »Carnaroli«)
1 l Milch
2 EL Zucker
½ Vanilleschote
Schale von 1 unbehandelten Zitrone
200 g reife Erdbeeren
2 EL Butter
10 Basilikumblätter, in Streifen geschnitten
Salz

TIPP

Für eine vegane bzw. laktosefreie Version ist es auch möglich, die Kuhmilch mit Mandel- oder Kokosmilch zu ersetzen und die Butter zum Schluss wegzulassen. Das Resultat ist ebenso köstlich!

ZUBEREITUNG

1. Gebt den Reis in einen Topf und toastet ihn bei mittlerer Temperatur für 1 Minute an. Der Reis bleibt dadurch auch im Kochvorgang schön »al dente«.
2. Gebt sogleich die Milch, den Zucker, das aus der Schote gekratzte Vanillemark samt der Schote, den Zitronenabrieb und 1 kräftige Prise Salz dazu und bringt alles unter ständigem Rühren zum Kochen. Seid dabei vorsichtig, dass die Milch nicht überkocht oder am Boden anbrennt. Deshalb lieber langsam zubereiten und dabeibleiben!
3. Lasst den Reis für 15 Minuten unter ständigem Rühren köcheln. Gebt dann die geviertelten Erdbeeren dazu und kocht alles für weitere 5 Minuten. Falls euch die Masse etwas trocken erscheinen sollte, könnt ihr jederzeit etwas Milch hinzufügen.
4. Sobald der Reis gar und bissfest zugleich ist, könnt ihr ihn vom Herd nehmen. Rührt nun die kalte Butter und das in Streifen geschnittene Basilikum unter, gebt den Deckel auf den Topf und lasst den Reis für 1 Minute ruhen. Er sollte danach eine Konsistenz wie Magma aufweisen, dann ist er perfekt!

Erdbeergranita mit Zitronenthymian

Ein Urlaub, eine Erinnerung. Wer kennt nicht das Faszinosum rund um die Granita-Zentrifugen an der Strandbar, den ersten Schluck/Bissen und das gefrorene Gehirn im Anschluss ... Als Erfrischung ist sie für mich immer noch unübertroffen, und die Zubereitung ist wahrhaftig einfach. Man braucht nur gutes Obst, einen Gefrierschrank und eine Gabel. Der Zitronenthymian ist optional für all jene, die ebenfalls auf Entdeckungsreise nach neuen Geschmackskombinationen sind!

ZUBEREITUNGSZEIT: 15 MINUTEN • GEFRIERZEIT: 4 STUNDEN

FÜR 4–6 PERSONEN

120 g Zucker
1 kleines Bund frischer Zitronenthymian, die Blätter abgezupft
400 g reife Erdbeeren
Saft von 1 Zitrone

ZUBEREITUNG

1. Bringt 500 ml Wasser und den Zucker in einem Topf zum Kochen, gebt dann den Zitronenthymian dazu und lasst den Sirup für 15 Minuten abkühlen.
2. Viertelt in der Zwischenzeit die Erdbeeren und püriert sie zusammen mit dem Zitronensaft in einem Mixer, bis eine geschmeidige Creme entstanden ist.
3. Vermischt nun das Püree und den Zuckersirup und gießt alles in eine flache Auflaufform. Legt die Granita in das Gefrierfach mit -18 Grad.
4. Nach 1 Stunde haben sich die ersten Eiskristalle gebildet. Nehmt nun eine Gabel und kratzt die erste Eisschicht entlang der Oberfläche auf, sodass schneeartige Eisflocken entstehen. Wiederholt diesen Prozess halbstündlich für die nächsten 3 Stunden.
5. Wenn ihr fleißig gekratzt habt, dann solltet ihr am Schluss eine geschmeidig-leichte und farbenprächtige Granita vor euch haben. Jetzt nur mehr in Gläser verteilen und die absolute Erfrischung genießen!

TIPP

Natürlich funktioniert dieses Rezept auch mit jeglichen Beeren und auch anderen säuerlichen Obstsorten.

Erdbeertrifle mit Amaretti

Ich habe in meinem Auslandsschuljahr in England zwei Erkenntnisse über das dortige Essen gewonnen. Englische Hausmannskost ist erstens gar nicht so schlecht, wie meistens propagiert wird, eher sind es die Umsetzungen in den verschiedenen Haushalten und die oft selbstverständlichen Convenience-Abkürzungen, die tolle Gerichte abwerten. Zweitens ist das Angebot an Süßspeisen und Keksen generell sehr gut. Deshalb hier eine Version eines Trifles, wie ich es gerne esse: cremig, fruchtig und crunchy!

35 MINUTEN

FÜR 6 PERSONEN

3 Eigelb
15 g Maisstärke
70 g Zucker
1 Prise Salz
Mark von ½ Vanilleschote
1 Schuss Mandellikör (optional)
180 ml Milch
320 g Frischsahne
1 Packung kleine Amaretti-Kekse
500 g frische Erdbeeren, in Viertel geschnitten

ZUBEREITUNG

1. Bereitet zuerst die Vanillecreme zu, damit sie im Kühlschrank abkühlen kann. Vermischt in einem Topf das Eigelb, die Maisstärke, den Zucker, 1 Prise Salz, das Mark der halben Vanilleschote und eventuell den Mandellikör mit einem Schneebesen. Gebt die Milch und 120 g der Sahne unter ständigem Rühren dazu.
2. Stellt den Topf nun auf den Herd und rührt bei niedriger Temperatur weiter, bis die Sauce leicht zu dampfen beginnt. Achtet unbedingt darauf, dass ihr nicht den Siedepunkt erreicht, sonst erhaltet ihr nämlich ein Rührei anstatt der Creme. Haltet zudem ein kaltes Wasserbad bereit, in welchem ihr die Creme im Anschluss sofort abkühlen könnt. Sobald ihr merkt, dass die Sauce eindickt und zu einer Pudding-Konsistenz mutiert, den Topf vom Herd nehmen und im kalten Wasser noch für einige Minuten weiterrühren. Danach für mindestens 30 Minuten kühl stellen.
3. Schlagt in der Zwischenzeit die restlichen 200 g Sahne auf, und schon seid ihr bereit, das Trifle zusammenzubauen. Hierfür können sowohl kleine Dessertgläser als auch eine große Dessertform verwendet werden. Beginnt mit etwas Vanillecreme am Boden, dann darauf eine dünnen Schicht Schlagsahne. Verteilt auf diesem cremigen Bett ein paar Amaretti und schlussendlich die Erdbeeren. Wiederholt diesen Ablauf, bis die Gefäße voll sind oder ihr alles aufgebraucht habt. Das prächtige Trifle ist jetzt schon servierbereit, kann aber auch in den Kühlschrank und zu einem späteren Zeitpunkt präsentiert werden.

Honig

Heïni

Ich gebe zu: Honig war bis vor Kurzem lediglich bei Erkältungen ein Wegbegleiter von mir. In den Kindheitsjahren meist aufgelöst in Tee oder Milch, als dünne Schicht auf einer staubtrockenen Scheibe Zwieback oder im Idealfall direkt vom Löffel. Lange wusste ich seine Heilwirkung und vor allem seinen tröstenden Effekt nicht zu schätzen. Erst in meinen Studienjahren, weit weg von daheim, fiel mir auf, dass Erkältungen doch nicht auf Knopfdruck verschwinden. Ich kaufte sehnsüchtig Tee, ich kaufte sogar Zwieback, und vor allem kaufte ich Honig. Und der tat dann richtig gut, nicht nur wegen seiner entzündungshemmenden und antibakteriellen Heilwirkung, sondern weil er sich so anfühlte, als würde sich jemand um dich kümmern. Ehrlich gesagt schmeckt er für mich bis heute so: wie eine süße Umarmung und ein kleines Stück Geborgenheit.

Den Honig als Genussmittel mit seinen geschmacklichen und qualitativen Facetten habe ich zwar spät, aber zum Glück doch noch kennenlernen dürfen. »Schuld« daran ist eine Frau. Sie heißt Jana, und ich darf sie glücklicherweise meine bessere Hälfte nennen. Ihr Vater ist leidenschaftlicher Imker, und gemeinsam bringen die beiden nicht nur Honig, sondern Salben, Liköre und auch Gerichte zustande, die mich immer wieder zum Staunen bringen. Es geht bei ihnen nicht nur um das goldene zähflüssige Endprodukt, sondern um die Faszination für dieses Handwerk, um die Leidenschaft, die Ausdauer und das Wissen, die das gewissenhafte Imkern mit sich bringen. Sie fiebern mit ihren Völkern Sommer wie Winter, in guten wie in schlechten Jahren mit. Durch sie habe ich Honig wirklich kennengelernt.

Also an dieser Stelle: Danke, ihr zwei, ihr habt mich zu einem Winnie Puuh gemacht.

Eine Version der Vinschger »Schneamilch«

Dies ist die wohl traditionsreichste Süßspeise aus meinem Heimattal, dem Vinschgau. Im Grunde brauchte man dafür lediglich Brot, Milch und Schlagsahne. Die genaue Ausführung variierte dann je nach den individuellen Möglichkeiten: Nur bei reicheren Familien kamen auch Trockenfrüchte, Nüsse und/oder Gewürze dazu. Meine Version ist etwas zeitgemäßer und enthält dementsprechend genügend Extras. Trotzdem bleibt die »Schneamilch« stets ein kulinarisches Denkmal für alle Vinschger-Mütter, die mit wenig zaubern konnten.

15 MINUTEN

FÜR 4 PERSONEN

160 g altbackenes Weißbrot
2 EL Rosinen
2 TL Zimtpulver
120 ml Milch
5 EL Honig
2 cl Rum (optional)
100 g ungeschälte Haselnusskerne
1 Prise Salz
400 g Frischsahne
Mark von ½ Vanilleschote
2 EL griechischer Joghurt

ZUBEREITUNG

1. Schneidet das Brot in 1 cm große Würfel und vermischt es mit den Rosinen und dem Zimt. Verrührt die kalte Milch mit dem Rum sowie 1 EL Honig und gebt alles über die Rosinen-Brot-Mischung. Weicht das Brot so lange auf, bis es feucht, jedoch nicht mürbe geworden ist.
2. Gebt in der Zwischenzeit die Haselnusskerne in den vorgeheizten Backofen und toastet sie mit 1 Prise Salz für 10 Minuten bei 180 °C. Zerhackt anschließend die abgekühlten Nüsse grob mit einem Messer.
3. Schlagt die Sahne zusammen mit dem Mark der halben Vanilleschote und 1 EL Honig auf. Achtet dabei darauf, dass ihr die Sahne nicht überarbeitet, und rührt zum Schluss den Joghurt unter. Die Creme sollte dabei eine leicht zähflüssige Konsistenz beibehalten.
4. Nehmt vier Dessertgefäße eurer Wahl (oder alternativ auch eine große Form) und verteilt zuerst die Hälfte der Rosinen-Brot-Mischung darin. Löffelt anschließend großzügig die Hälfte der geschlagenen Sahne darüber. Wiederholt diesen Arbeitsschritt. Vollendet das Dessert mit den Nüssen und träufelt großzügig den restlichen Honig darüber.

»Mandrlata« oder Türkischer Honig

Am 2. November zu Allerseelen gibt es in meiner Heimatstadt Glurns einen Jahrmarkt, im Dialekt »Sealamorkt« genannt. Zwischen trinklustigen Junggesellen und lautstarkem Feilschen waren wir Kinder vor allem nach etwas ganz Bestimmten auf der Suche: »Mandrlata«. Besser bekannt ist sie als Torrone oder Türkischer Honig. Süß, zäh und schlicht unwiderstehlich – bis heute. Dieses Rezept ist einfach und eignet sich zudem super, wenn man mal ein paar Eiweiß übrig hat.

45 MINUTEN

FÜR 4 GROSSE RIEGEL

400 g Nüsse eurer Wahl (Walnusskerne, Haselnusskerne, Mandelkerne o. ä.)
400 g Honig
2 Eiweiß
Saft und Schale von 1 unbehandelten Zitrone
8 eckige Backoblaten XL (optional)
Salz

TIPP

Mit diesem Rezept erhaltet ihr einen relativ weichen Torrone. Wenn ihr hingegen die Meringue noch weiter über einem Wasserbad heiß rührt, könnt ihr den Härtegrad erhöhen. Die Devise lautet: Je länger ihr rührt, umso härter wird der Torrone werden.

ZUBEREITUNG

1. Gebt die Nüsse auf ein Backblech und fügt 1 Prise Salz hinzu. Röstet sie im vorgeheizten Ofen bei 180 °C für 10 Minuten oder einfach so lange, bis sie leicht dunkel sind und herrlich riechen.
2. Erhitzt jetzt den Honig in einem Topf, bis er zu kochen beginnt. Gebt in der Zwischenzeit das Eiweiß mit 1 Prise Salz und dem Saft der Zitrone in die Schüssel eines elektrischen Rührgeräts. Alternativ könnt ihr das Eiweiß auch mit einem Handrührgerät oder in alter Manier mit einem Schneebesen aufschlagen.
3. Was wir nun machen, ist im Prinzip eine sogenannte italienische Meringue. Sie unterscheidet sich von der französischen Version dadurch, dass sie mit gekochtem Zuckersirup hergestellt wird. Die Vorteile sind dabei nicht nur die Konsistenz, sondern auch die Pasteurisierung des Eiweißes, das durch diesen Prozess erhitzt wird und deshalb ohne Bedenken verzehrt werden kann. Beginnt damit, die Eiweiß-Zitronen-Mischung auf hoher Stufe mit dem Rühraufsatz aufzuschlagen, bis ein glänzender, steifer Schaum entsteht. Lasst nun die Rührmaschine weiterlaufen und gebt langsam und schrittweise den kochend heißen Honig dazu. Seid dabei nicht zu ungeduldig, sonst könnte es passieren, dass die Meringue schnell zum Rührei wird.
4. Nun solltet ihr nach wenigen Minuten bemerken, dass die Masse immer fester und fast schon teigartig geworden ist. An diesem Punkt ist die Meringue fertig. Hebt nun die gerösteten Nüsse und die geriebene Zitronenschale unter und streicht die Masse zwischen euren Backoblaten etwa 1 cm dick aus. Alternativ könnt ihr den Eiweißteig auch einfach auf Backpapier oder auf einer Silikonmatte ausstreichen. Das Resultat wird dasselbe sein.

5. Gebt eure »Mandrlata« nun zum Trocknen bei 90 °C Umluft in den Ofen. Nach einer halben Stunde sollten eure Riegel etwas fester, aber innen immer noch zähflüssig sein. Portioniert euren Torrone nach Wunsch und lagert ihn an einem trockenen und kühlen Ort.

Echtes Honeycomb

Wortwörtlich bedeutet diese vor allem im angelsächsischen Raum beliebte Süßspeise »Honigwabe«. Das hat sie jedoch vor allem ihrem Aussehen zu verdanken, denn klassisch wird dieses luftige Karamell nur mit Zucker und Golden Syrup hergestellt. Wesentlich schmackhafter ist im Unterschied dazu unsere Version mit Honig und etwas Salz. Die Herstellung ist einfach, aber nicht ungefährlich: Haltet deshalb Kinder fern und probiert auf keinen Fall das Karamell, wenn es nicht vollständig abgekühlt ist. Ich mache immer reichlich davon, weil es einem stets wieder aufs Neue den Tag versüßen kann, sei's zerbröselt auf einer Kugel Eis, mit Nüssen im Müsli oder einfach nur so zum Naschen: Gesalzenes Honigkaramell macht einfach süchtig. Ende.

10 MINUTEN

FÜR EINE LADUNG

150 g Zucker
150 g Honig
1 Prise Salz
2 EL Natron
1 Spritzer Essig

ZUBEREITUNG

1. Legt zu Beginn eine hitzeresistente Backform mit Backpapier aus. Sowohl der Boden als auch die Ränder sollten dicht bedeckt sein. Erhitzt in einem mittelgroßen Topf den Zucker, den Honig und das Salz auf mittlerer Stufe. Wichtig ist es, dass ihr dabei einen unbeschichteten Topf verwendet, denn ihr müsst genau beobachten, welche Farbe das Karamell annimmt.
2. Wartet nun ab, bis sich der Zucker vollkommen verflüssigt hat und eine leicht bräunliche Farbe entsteht. Rührt bis dahin nicht um, sondern schwenkt lediglich vorsichtig den Topf, um eine gleichmäßige Karamellisation zu erzeugen.
3. Gebt nun das Natron und einen Spritzer Essig dazu und rührt es sogleich mit einem Holzlöffel unter. Das Karamell wird nun aufschäumen, weshalb es wichtig ist, dass ihr zu Beginn einen großzügigen Topf gewählt habt. Nehmt das Karamell sogleich vom Herd und gießt es vorsichtig in die vorbereitete Backform. Nun heißt es mindestens 2 Stunden abkühlen lassen und abwarten. Danach sollte das Honeycomb hart und luftig sein. Zerbröckelt es in beliebig große Stücke und bewahrt es in einem geschlossenen Gefäß an einem trockenen und kühlen Ort auf.

Apfel
Epfl

Jeder zweite Apfel Italiens und jeder zehnte in Europa kommt aus Südtirol. Es gibt sie in allen Tälern, und besonders im Vinschgau haben sich die Landwirte seit den 80er-Jahren zunehmend auf den Apfelanbau spezialisiert. Der Vinschger-Apfel unterscheidet sich von seinen Konkurrenten vor allem durch seine frische Süße, die auf die hohen Temperaturunterschiede zwischen Tag und Nacht zurückzuführen ist. Dieser Apfel-Boom hat jedoch in den letzten zehn Jahren eine Übersättigung erfahren, weshalb Proteste in der Bevölkerung laut wurden. Primär richteten sie sich gegen die absolute Monokultur und die Verwendung von Pestiziden. Ein Umschwung ist mittlerweile klar ersichtlich: Die Bio-Anbauflächen im Vinschgau haben sich in den letzten sieben Jahren fast verdoppelt, und vor allem junge Landwirte fördern zunehmend Diversität und nachhaltigen Anbau auf ihren Feldern.

Von der Diskussion über den Anbau einmal abgesehen, ist der Apfel nach wie vor Südtirols Obstpatron. In Gärten, Kellern und Küchen gibt es ihn in allen Variationen, und vor allem fast vergessene Apfelsorten erleben momentan eine neue Blüte. Mein Opa Hermann hortete sie im Keller und aß sie am liebsten, wenn sie runzlig und »mehlig« waren. Zudem machte er selbst Essig aus seinen Kanater-Äpfeln (Kanadarenette). Das traute sich damals niemand zu sagen, aber meine Güte – war der sauer! Gefühlter pH-Wert 100, mir verzieht es eigentlich schon das Gesicht, wenn ich daran denke. Aber es kann halt nicht immer alles gelingen. Auch bei mir nicht. Kochen ist nicht nur Talent, sondern vor allem Mut, Erfahrung und Durchhaltevermögen.

Verbotene Bratäpfel mit weißer Schokolade

Ein duftendes Gericht für trübe Herbst- und Winterabende. Perfekt eignen sich dafür reine Kochäpfel wie Kanater (Kanadarenette) oder leicht säuerliche Sorten wie Gala und Granny Smith. Wieder mal ein perfektes Beispiel dafür, wie einfach kulinarisches Glück manchmal sein kann.

ZUBEREITUNGSZEIT: 10 MINUTEN • GARZEIT: 45 MINUTEN

FÜR 4 PERSONEN

4 feste, säuerliche Äpfel
Saft und Schale von
1 unbehandelten Zitrone
50 g weiße Schokolade
2 EL weiche Butter
2 EL gehackte Walnusskerne, Haselnusskerne o. ä.
1 EL Zucker
2 TL Zimtpulver

ZUBEREITUNG

1. Wascht die Äpfel gut ab, und schneidet am unteren Ende eine dünne Scheibe ab, damit die Äpfel gerade stehen und die Füllung später nicht auslaufen kann. Entfernt mit einem Ausstecher das komplette Kerngehäuse. Seid dabei großzügig, damit genug von eurer Füllung Platz findet. Beträufelt den dadurch entstandenen Tunnel mit dem Zitronensaft und gebt die Äpfel in eine mit Backpapier beschichtete, feuerfeste Form.
2. Zerhackt die Schokolade in kleine Splitter und vermischt sie in einer Schüssel mit der Butter, der Zitronenschale, den Nüssen, dem Zucker und dem Zimt.
3. Füllt die Äpfel großzügig mit der Zimtmasse und deckt alles mit einem Deckel oder mit Alufolie zu. Schiebt die Äpfel bei 170 °C für 45 Minuten in den Ofen und serviert sie noch warm mit einer Kugel Eis.

Saiblingstatar mit Apfel und Zitrone

Roher Fisch ist in Italien schon lange vor dem Sushi-Hype sowohl als Antipasto als auch als leichte Hauptspeise zubereitet worden. Die Italiener sind dabei sehr puristisch, und diese Richtung gefällt auch mir bei Tatars am besten. Ich verwende meistens meinen geliebten Matscher Saibling, aber im Prinzip eignet sich jeder frische Fisch mit einer zarten Konsistenz perfekt. Für die Überraschung sorgt der Apfel: Er gibt dem Ganzen einen ähnlichen Frischekick wie der Ingwer dem Sashimi.

10 MINUTEN

FÜR 4 PERSONEN

400 g Saiblingsfilet, ohne Haut und Gräten
1 säuerlicher Apfel
½ Chilischote
1 kleines Bund Zitronenverbene (alternativ auch Minze)
4 EL gutes Olivenöl
Salz
Saft und Schale von 1 unbehandelten Zitrone

ZUBEREITUNG

1. Schneidet das von Haut und Gräten befreite Fischfilet in etwa 1 cm große Würfel und gebt sie in eine Schüssel.
2. Entfernt das Kerngehäuse des Apfels und schneidet auch ihn samt Schale in gleich große Stücke wie den Fisch. Hackt den Chili und die Zitronenverbene fein und gebt beides zusammen mit den Apfelwürfeln zum Fisch.
3. Schmeckt das Tatar mit dem Olivenöl, etwas Salz, dem Saft und der Schale der Zitrone ab und vermischt alles gründlich mit den Händen.
4. Serviert euer Tatar mit gutem Brot, Olivenöl oder Butter und zusätzlichen Zitronenscheiben.

Apfelkren mit Schweinebauch Low & Slow

Dieses Gericht ist ein absoluter Hingucker und beinhaltet vor allem Elemente aus der amerikanischen, österreichischen und japanischen Küche. Zudem macht es besonderen Spaß, wenn man den Schweinebauch im Smoker zubereitet, das Backrohr funktioniert aber natürlich genauso gut. Der Apfelkren passt übrigens nicht nur hervorragend zum Bauch, sondern auch zu jeglichem deftigen Gericht, das einen Frischekick benötigt.

ZUBEREITUNGSZEIT: 20 MINUTEN • GARZEIT: 10 ½ STUNDEN

FÜR 6 PERSONEN

Für den Bauch

1 kg frischer Schweinebauch, ohne Knochen, mit Schwarte
1 EL Fenchelsamen
1 EL Paprikapulver
2 TL gemahlener Kreuzkümmel
10 Gewürznelken
1 EL frisch gemahlener Pfeffer
1 EL Salz
300 ml Apfelsaft
100 ml Sojasauce
Samenöl

Für den Apfelkren

2 Äpfel
4 EL frisch geriebener Meerrettich
100 g griechischer Joghurt
Salz

ZUBEREITUNG

BAUCH

1. Ölt den Bauch gleichmäßig ein und bedeckt ihn auf allen Seiten (außer die Schwarte) mit den gesamten Gewürzen und dem Salz.
2. Legt das Fleisch mit der Hautseite nach oben in eine feuerfeste Form und gießt den Apfelsaft und die Sojasauce dazu. Nun könnt ihr die Form entweder offen in euren Smoker oder zugedeckt in euer Backrohr stellen. In beiden Fällen sind vorgeheizte 115 °C und 10 Stunden Garzeit nötig.
3. Holt nach dieser Zeit den Bauch heraus und lasst ihn für mindestens eine halbe Stunde bei Zimmertemperatur ruhen. Trennt in der Zwischenzeit mit einem Filetiermesser die Schwarte vom Fleisch, ölt sie nochmals leicht ein und gebt sie bei 200 °C für 20 Minuten zurück in den Ofen. Dadurch erhaltet ihr das unwiderstehliche »Crackling«.

APFELKREN UND VOLLENDUNG

1. Reibt die Äpfel grob oder schneidet sie in sehr dünne Streifen. Vermischt sie mit dem frischen Kren, dem griechischen Joghurt und etwas Salz.
2. Serviert den Schweinbauch nach der Ruhephase mit seinem süß-salzigen Bratensaft, dem Crackling und dem erfrischenden Apfelkren.

Birne

Piir

Viele von euch kennen Südtirol wahrscheinlich wegen seiner Äpfel. Mein Heimatstädtchen Glurns tanzt dabei aus der Reihe, denn unsere Obst-Patronin ist eindeutig die Palabirne.
Das Erscheinungsbild des mittelalterlichen Örtchens wird von den oft über 200 Jahre alten und über zehn Meter hohen Birnenbäumen dominiert. Diese wurden im Laufe des 18. Jahrhunderts aus dem Orient eingeführt, weshalb die Frucht umgangssprachlich auch als »Türkenbirne« bezeichnet wird. Die Palabirne wurde zudem als »Apothekerbirne« betitelt, weil sie reich an Vitaminen und kostbaren Mineralsalzen ist. Der Hausarzt von Glurns beteuerte deshalb verschmitzt, seinen wohlverdienten Urlaub nehmen zu können, wenn die Palabirnen reif sind, denn wenn sie verzehrt werden, seien alle Glurnser gesund.
In der Kulinarik erlebt die alte Birnensorte gerade wieder einen Hype. Wir Köche streiten uns förmlich um die alles andere als makellosen Birnen. Sie hält sich zwar nicht lange und ist wahrscheinlich auch nicht die Schönste, wenn die Birne aber reif ist und eine leicht gelbliche Schale bekommt, dann ist sie unübertrefflich. In unserem Restaurant ist sie deshalb zum Septemberbeginn, wenn in Glurns auch das Palabirnenfest stattfindet, nicht von der Speisekarte wegzudenken.
Ich zeige euch daher einen weiteren flurin-Klassiker: ein Dessert mit der genannten Birne, gebrannten Mandeln, Mascarpone und Basilikum. Aus früheren Zeiten gibt es den unverzichtbaren Birnenschmarren, und der italienisch-südtirolerischen Kochtradition entspringt die Kombination mit Gorgonzola als Risotto. Auch hier gilt jedoch: Alle Rezepte funktionieren ebenso mit jeder anderen Birnensorte.
Falls übrigens jemand gerade keine Lust zum Kochen haben sollte und sich rein zufällig Anfang September irgendwo im Vinschgau aufhält, dann gibt es ein kulinarisches Muss: Palabirnen mit frischem Almkäse und etwas Schüttelbrot. Nach wie vor eine fantastische Kombination.

Monikas Birnenschmarren

Einige Mahlzeiten vergisst man nie. So den Birnenschmarren meiner Großmutter Monika, die zugegebenermaßen eher selten am Herd anzutreffen war, weil sie mit Opa Hermann einen sehr ambitionierten Koch ihren Ehemann nannte. Trotzdem hatte Monika zwei Leibgerichte, die ich bis heute nirgendwo besser angetroffen habe: Cordon bleu und Schmarren. Oft genügt es eben auch, wenn man reduziert und dafür perfektioniert.

15 MINUTEN

FÜR 4 PERSONEN

4 Eier
250 g Quark
40 g Zucker
140 g Sahne
Mark von ½ Vanilleschote
Schale und Saft von 1 unbehandelten Zitrone
70 g Mehl
1 TL Backpulver
1 Prise Salz
2 reife Birnen
Butter

ZUBEREITUNG

1. Trennt die Eier und rührt das Eigelb zusammen mit dem Quark, dem Zucker, der Sahne, dem Mark der halben Vanilleschote und der Zitronenschale glatt. Fügt nun unter ständigem Rühren das Mehl, das Backpulver und 1 Prise Salz hinzu.
2. Schlagt das Eiweiß zusammen mit dem Saft der Zitrone zu dickem Eischnee auf. Hebt diesen vorsichtig unter den Quarkteig und gebt dabei acht, dass die feinen Luftbläschen nicht zerdrückt werden.
3. Entfernt nun den Strunk der Birnen und schneidet sie in dünne Scheiben.
4. Erhitzt in einer antihaftbeschichteten Pfanne reichlich Butter und wartet, bis sie zu schäumen beginnt. Falls ihr keine große Pfanne zur Hand haben solltet, könnt ihr den Schmarren auch in zwei Pfannen gleichzeitig oder in zwei Schritten zubereiten.
5. Gebt nun den Teig in die heiße Pfanne und drückt die Birnenstücke in die Oberfläche. Backt den Schmarren bei niedriger Temperatur, bis der Boden goldbraun geworden ist und die Birnen im Teig festkleben. Wendet nun den Fladen und backt ihn auf der anderen Seite fertig. Zerstückelt den Pfannkuchen mit zwei Gabeln und serviert ihn mit Staubzucker, einer Marmelade eurer Wahl und einem stolzen Grinsen!

Birnenrisotto mit Gorgonzola

Risotto ist nicht einfach nur Reis – Risotto ist eine Kunst für sich. Beim Risottokochen sind zwei Dinge essenziell: der perfekte Garpunkt des Reiskorns und die lavaartige Konsistenz. Man muss ein Gespür dafür entwickeln, wie viel Flüssigkeit man hinzufügen kann und wann man damit aufhören sollte. Wenn ihr das einmal im Griff habt, dann seid ihr bereit für den Ritterschlag.

25 MINUTEN

FÜR 4 PERSONEN

½ Zwiebel
350 g Risottoreis (idealerweise Carnaroli)
50 ml Weißwein
1 Prise Salz
1,5 l Gemüsebrühe
2 Birnen
140 g Gorgonzola
Olivenöl

ZUBEREITUNG

1. Hackt die halbe Zwiebel fein und schwitzt sie in reichlich Olivenöl an, bis sie leicht glasig geworden ist.
2. Fügt nun den Reis hinzu und toastet ihn bei mittlerer Temperatur für 1 Minute. Löscht ihn dann sogleich mit dem Weißwein und lasst alles unter ständigem Rühren einkochen, bis der Dampf des Weines nicht mehr alkoholisch riecht.
3. Fügt nun 1 kräftige Prise Salz und genügend Brühe hinzu, sodass der Reis mit Flüssigkeit bedeckt ist, jedoch nicht frei darin schwimmt. Rührt wiederholt mit einem Holzlöffel um und fügt immer erst weitere Brühe hinzu, wenn der Reis die letzte Flüssigkeit absorbiert hat. Fahrt damit fort, bis der Reis »al dente« ist – das dauert etwa 20 Minuten.
4. Entfernt in der Zwischenzeit das Kerngehäuse und schneidet die Birnen in 2 cm kleine Stücke. Gebt jene zusammen mit dem zerkleinerten Gorgonzola etwa 1 Minute vor Ende der Garzeit zum Risotto dazu und rührt alles kräftig um. Lasst den Reis für 1 Minute mit Deckel ruhen und serviert ihn, solange er heiß und unwiderstehlich cremig ist!

Birnenchutney mit gebrannten Mandeln, Mascarpone und Basilikum

Jetzt zu einem Dessert, das seit Tag eins auf unserer Karte zu finden ist. Das liegt vor allem daran, dass ich für meinen Teil keine Makel an diesem Gericht feststellen kann. Es ist cremig, fruchtig, crunchy und aromatisch zugleich. Gebt bloß acht mit den Mandeln: Auch wenn sie während des Kochprozesses wie Sirenen zu einer Kostprobe verführen möchten, müsst ihr stark bleiben, sonst tut es nämlich höllisch weh.

35 MINUTEN

FÜR 4 PERSONEN

Für das Chutney
2 feste Birnen
Saft von 2 Zitronen
1 TL Anissamen
2 EL Gelierzucker

Für die gebrannten Mandeln
100 g Zucker
1 Prise Salz
170 g ungeschälte Mandeln
1 EL Zimtpulver

Für die Mascarponecreme
200 g Mascarpone
100 g Naturjoghurt
Mark von ½ Vanilleschote
2 EL Honig
12 frische Basilikumblätter

TIPP

Für eine Highspeed-Version könnt ihr auch gekaufte kandierte Mandeln und ein gutes Birnenkompott verwenden, welches ihr lediglich in Würfel zu schneiden braucht.

ZUBEREITUNG

CHUTNEY

1. Schält die Birnen und entfernt den harten Strunk in der Mitte. Schneidet sie in etwa 2 cm große Würfel und gebt sie zusammen mit dem Zitronensaft, 80 ml Wasser, den Anissamen und dem Gelierzucker in einen Topf.
2. Bringt das Ganze zum Kochen. Nach 2–3 Minuten Siedezeit sollte die Flüssigkeit eingedickt, die Birnenstücke jedoch noch bissfest sein. Lasst das Chutney komplett auskühlen, bevor ihr es für das Dessert verwendet.

MANDELN

1. Bringt den Zucker zusammen mit 50 ml Wasser und 1 Prise Salz in einem Topf zum Kochen. Nun ist es sehr wichtig, dass ihr euch nicht vom Herd entfernt und genau beobachtet, wann der Karamellisationsprozess einsetzt.
2. Sobald der Sirup beginnt, leicht bräunlich zu werden, sofort (!) die Mandeln und den Zimt hinzufügen. Sogleich alles mit einem Holzlöffel umrühren, bis alle Mandeln mit dem Sirup bedeckt sind. Probiert an dieser Stelle keinesfalls das verführerisch riechende Gemisch – es ist unglaublich heiß.
3. Sobald die gesamte Flüssigkeit im Karamell verdampft ist und die Mandeln aromatisch riechen, könnt ihr sie vorsichtig auf ein Backpapier geben und abkühlen lassen. Danach sei euch das Naschen gegönnt!

MASCARPONECREME UND VOLLENDUNG

1. Verrührt langsam alle Zutaten, bis die Creme geschmeidig und glatt ist. Sollte die Konsistenz etwas zu fest sein, so genügt es, wenn ihr einen Schuss Milch dazugebt.

2. Vermischt nun das Chutney mit den Mandeln in einer Schüssel und gebt die Mischung in ein Dessertgefäß eurer Wahl. Löffelt reichlich von der Creme darüber und garniert das köstlich-rustikale Dessert mit ein paar kleinen Basilikumblättern. Glaubt mir: Diese kleine Geste am Schluss macht den Unterschied aus.

Wild

Gschossns

Das Jagen ist in Südtirol überaus beliebt, sowohl bei Männern wie bei Frauen. Ich habe viele Jäger und Jägerinnen kennengelernt, und mir sind dabei grob zwei unterschiedliche Typen aufgefallen. Es gibt einerseits jene, und das ist meistens die Generation der Alteingesessenen, die vor allem das Vereinsleben genießen und den Mythos »Jagd« bearbeiten. Bei genügend Wein und einem »Socker« (einem typischen Südtiroler Kartenspiel) erzählen sie von abenteuerlichen Epen, Komödien und Tragödien, mit einem Wahrheitsgehalt von aufgerundet 50 Prozent.
Und dann gibt es noch die »anderen« Jäger, die eher im Wald als im Gasthaus anzutreffen sind, und ich möchte euch von zweien von ihnen erzählen. Sophie, die junge und dynamische Managerin des flurin, tauscht ihre ausgefallene modische Kleidung in ihrer Freizeit gegen Outdoor-Kleidung in grüner Camouflage. Abschüsse machen einen kleinen Teil ihrer Leidenschaft aus, vielmehr geht es darum, die Faszination rund um die Natur komplett einzusaugen. Sie macht Wanderungen in aller Herrgottsfrühe, um beispielsweise das Balzverhalten der Spielhühner zu beobachten und zu fotografieren. Und was sind das für Wanderungen: Ihre Exkursionen fangen dort erst richtig an, wo bei mir schon lange das Benzin ausgegangen ist. Nennen wir sie deshalb einen Naturfreak.
Ein weiteres Beispiel der zweiten Gattung der Jägerschaft ist Stefan. Er ist der Vater meiner tollen Serviceleiterin und versorgt auch unseren Betrieb mit erstklassigem Wildfleisch. Begonnen hat unsere Freundschaft damit, dass er uns des Öfteren nach der Pirsch im umliegenden Waldgebiet im flurin besuchte. Mich erstaunte auf Anhieb, dass seine Erzählungen kein verschwommenes Geprahle sind, sondern präzise Bewunderung. Auch er verbringt sehr viel Zeit im Wald, überwindet unzählige Höhenmeter und betätigt nur den Abzug, wenn er sein Ziel genauestens kennt. Man spürt die Elektrizität, die er in solchen Momenten wahrnimmt. Er verkörpert dieselbe Demut, wie sie meine Oma Touna vor der Schlachtung ihrer Hoftiere verspürte. Eine Form von Respekt, die in die Küche und an den Gast weitergegeben wird. In allen Fällen zahlt sich ein Gedanke an den Wald, an Sophie und Stefan, an den »richtigen Moment« aus. Die Stille, der Knall – und dann wieder die Stille.

Unser »Roast Dinner«

Feierlichkeiten sind einfach schön. Wir lieben Feste, weil dabei vieles anders ist als sonst: die Menschen, die Kleidung, die Musik und nicht zuletzt auch das Essen. Das folgende Gericht hat für uns daheim einen unglaublichen Stellenwert. Falls nicht zu Weihnachten, dann gibt es diesen Schmaus zumindest an einem Sonntag, an dem sich die ganze Familie am Esstisch versammelt hat. Alle kochen, alle essen, und alle reden darüber. Logisch, nicht?

1 STUNDE

FÜR 6 PERSONEN

Für das Blaukraut

1 Zwiebel
1 kleiner Kopf Blaukraut
1 Knoblauchzehe
200 ml Kirschsaft (alternativ Apfelsaft)
½ Zimtstange
1 EL Kümmelsamen
2 EL Preiselbeermarmelade
Butter
Öl zum Anbraten
Salz
frisch gemahlener Pfeffer

Für die Schupfnudeln

500 g mehligkochende Erdäpfel
150 g Mehl
2 Eier
1 Prise Salz
Muskatnuss
Butter

ZUBEREITUNG

BLAUKRAUT

1. Hackt die Zwiebel fein und schwitzt sie in einem großen Topf mit etwas Öl an. Schneidet das Kraut in dünne Streifen, perfekt funktionieren dafür auch Küchenmaschinen mit einem Hobelaufsatz. Hackt nun auch den Knoblauch fein und gebt ihn zusammen mit dem Kraut in den Topf. Salzt alles kräftig und dünstet es unter ständigem Rühren, bis das Blaukraut die Hälfte an Volumen verloren hat.
2. Löscht mit dem Kirsch- oder Apfelsaft ab, gebt etwas gemahlenen Pfeffer, die Zimtstange und den Kümmel dazu und lasst alles halb zugedeckt für 15 Minuten köcheln.
3. Wenn das Kraut schön sämig geworden ist, jedoch immer noch Biss hat, mit Preiselbeeren und einem Stückchen Butter vollenden. Das Kraut ist nun fertig und kann für den Gebrauch jederzeit mit etwas Wasser erwärmt werden.

SCHUPFNUDELN

1. Kocht die Erdäpfel in Wasser oder im Dampfgarer, bis sie sehr weich sind. Schält sie und drückt sie durch eine Kartoffelpresse oder »Flotte Lotte«. Formt im Kartoffelberg eine Mulde und gebt in diesen neu entstandenen Vulkan das Mehl, die Eier, 1 kräftige Prise Salz und geriebene Muskatnuss nach Belieben.
2. Knetet alles gut durch, bis ein fester Teig entstanden ist. Bemehlt eure Hände, nehmt ein walnussgroßes Stück vom Teig und formt durch Drehbewegungen mit euren Handflächen 5 cm lange Nudeln, die an den Enden spitz zulaufen. Wiederholt diesen Prozess mit der gesamten Masse und kocht die Nudeln in reichlich Salzwasser. Sobald eure Schupfnudeln an die Wasseroberfläche gelangen, sind sie gar. Schwenkt sie mit etwas brauner Butter durch, und fertig sind sie.

Für das Fleisch und die Rotwein-Sauce

900 g Hirsch- oder Rehrücken, im Ganzen
2 Zwiebeln
2 Karotten
1 Stangensellerie
1 EL Tomatenmark
500 ml kräftiger Rotwein (Lagrein, Merlot o. ä.)
1 Bund frischer Rosmarin
Samenöl
Salz
frisch gemahlener Pfeffer
Butter zum Braten

FLEISCH UND ROTWEIN-SAUCE

1. Bratet das von Sehnen befreite Fleisch in einer sehr heißen Pfanne mit lediglich etwas Öl an, bis sich auf allen Seiten eine schöne Kruste gebildet hat. Würzt den Rücken mit Salz und Pfeffer und gebt ihn bei 160 °C in den Ofen. Verwendet ein Fleischthermometer und strebt eine Kerntemperatur von 52 °C an, das ist die Garstufe Medium. Holt den Rücken dann sogleich aus dem Rohr und lasst ihn für mindestens 5 Minuten bei Zimmertemperatur ruhen.
2. Gebt in der Zwischenzeit in dieselbe Pfanne, in der ihr das Fleisch angebraten habt, das geschälte und geviertelte Gemüse. Bratet es kräftig an und gebt das Tomatenmark dazu. Bratet das Gemüse weiter, bis sich das Mark dunkelbraun gefärbt hat. Löscht nun mit dem Rotwein ab und gebt den Rosmarin dazu. Lasst die Sauce verkochen (reduzieren), bis sie eine sirupartige Konsistenz aufweist, schmeckt mit Salz und Pfeffer ab und passiert sie schließlich durch ein feines Sieb.
3. Bratet nun das Fleisch erneut mit etwas schäumender Butter an und schneidet es in 2 cm dicke Scheiben. Serviert es zusammen mit der Sauce, den geschwenkten Schupfnudeln und dem Blaukraut für eine unvergessliche Mahlzeit.

Hanfgnocchi mit Wildragout

Der eigentlich ewige Nutzhanf erlebt im Vinschgau gerade eine Renaissance und wird zum Glück wieder fleißig angebaut. Geröstete Hanfsamen, Hanfmehl und nicht zuletzt Hanföl sind spannende kulinarische Bereicherungen. So auch in diesem Gericht: Das Hanfmehl verleiht den Gnocchi eine nussige Note, die hervorragend zum kräftigen Wildragout passt.

ZUBEREITUNGSZEIT: 45 MINUTEN • GARZEIT: 75 MINUTEN

FÜR 4 PERSONEN

Für das Ragout

400 g Schulter, Nacken oder Keule von Hirsch, Reh oder Gams
1 Zwiebel
1 Karotte
1 Selleriestange
1 EL Tomatenmark
100 ml Rotwein
400 g pürierte Tomaten (Passata)
8 Salbeiblätter
100 g frische oder eingelegte Pfifferlinge
Olivenöl
Salz
Pfeffer

Für die Gnocchi

1 kg mehligkochende Erdäpfel
2 Eier
300 g Weizenmehl Type 00
50 g feines Hanfmehl
Muskatnuss
Salz

Außerdem

Butter
70 g geriebenen Parmesan

TIPP

Dieses Ragout eignet sich auch sehr gut mit Pappardelle oder Lasagneblättern.

ZUBEREITUNG

RAGOUT

1. Schneidet das Fleisch in 1 cm große Würfel und würzt es mit Salz und Pfeffer. Wichtig ist dabei, dass das Fleisch sehr kalt und euer Messer sehr scharf ist. Gebt das Wild in einen nicht zu kleinen Topf mit Olivenöl und bratet es von allen Seiten gut an, bis die gesamte Flüssigkeit verdunstet ist und das Fleisch eine leichte Kruste gebildet hat.
2. Hackt die Zwiebel, die Karotte und den Sellerie in feine Würfel und gebt sie zusammen mit dem Tomatenmark zum Wild. Röstet alles weiter, bis eine dunkelbraune Farbe entstanden ist, und löscht mit dem Rotwein ab.
3. Kocht den Wein aus, bis der Alkohol verdampft ist, und fügt die Passata, den Salbei, etwas Salz und eine kräftige Menge Pfeffer hinzu. Lasst das Ragout halb zugedeckt für 1 Stunde köcheln und rührt dabei gelegentlich um.
4. Gebt danach die geputzten Pfifferlinge dazu, kocht es für weitere 15 Minuten und schmeckt letztendlich noch einmal mit Salz und Pfeffer ab.

GNOCCHI

1. Kocht die Kartoffeln im Dampfgarer (etwa 90 Minuten) oder im Wasser (etwa 40 Minuten), bis sie gar sind. Schält die noch warmen Kartoffeln und drückt sie durch eine Kartoffelpresse oder »Flotte Lotte«.
2. Formt eine Mulde in den Kartoffelberg und gebt die Eier, beide Mehle, 1 kräftige Prise Salz und eine Messerspitze geriebene Muskatnuss dazu. Verknetet nun alles gründlich mit euren Händen, bis eine homogene Teigkugel entstanden ist. Falls der Teig klebt, könnt ihr noch etwas Weizenmehl hinzufügen.
3. Bringt Salzwasser zum Köcheln und gebt die Gnocchi hinein. Nach wenigen Minuten sollten sie an die Wasseroberfläche steigen. Das ist das Zeichen, dass sie gar und bereit zum Abschöpfen sind.

VOLLENDUNG

1. Vermischt die Gnocchi in einer Schwenkpfanne mit dem Ragout und fügt etwas kalte Butter und den geriebenen Parmesan hinzu. Schwenkt noch einmal gründlich und serviert mit Vorfreude!

Hirschtatar mit confiertem Eigelb

Hier haben wir einen richtigen flurin-Klassiker und zudem Udos Lieblingsgericht. Wie bereits im Apfel-Kapitel erwähnt, habe ich bei Tatars gerne Konsistenz und wenig Geschnörkel. Deshalb hier etwas Pures, das – wenn die Produkte stimmen – nicht schiefgehen kann. Ach ja, und lausiges Toastbrot dazu muss auch nicht sein.

15 MINUTEN

FÜR 4 PERSONEN

400 g Kaiserteil oder Rücken von Hirsch oder Reh
1 kleine Essiggurke
1 EL Kapern
1 EL Senf
8 EL gutes Olivenöl
4 Eier
1 EL Preiselbeeren
20 Lärchensprossen (optional)
Salz
Pfeffer
Samenöl

ZUBEREITUNG

1. Um ein Tatar fein von Hand zu schneiden, muss es leicht angefroren sein. Gebt das Fleisch deshalb 1 Stunde vor Gebrauch in euren Tiefkühler. Danach könnt ihr mit dem Messer dünne Scheiben und aus diesen wiederum kleine Würfel schneiden. Sollte euch das Tatar noch nicht fein genug sein, könnt ihr es einfach hacken, bis ihr mit der Konsistenz zufrieden seid.
2. Schneidet Gurke und Kapern ebenfalls in sehr feine Würfel und gebt sie zusammen mit dem Senf, dem Olivenöl, reichlich Pfeffer und gutem Salz zum Fleisch. Vermischt es gut und stellt es bis zum Gebrauch an einen warmen Ort.
3. Trennt die Eier und gebt das Eigelb jeweils individuell in eine eingeölte Cappuccinoschale. Bedeckt die Dotter mit jeweils einem Esslöffel Öl und gebt sie für 5 Minuten bei vorgeheizten 100 °C in den Ofen. Durch diesen Prozess wird das Eigelb angenehm warm und bekommt eine wachsartige Konsistenz.
4. Formt aus dem Tatar vier kleine Vulkane, gebt das Eigelb (ohne Öl) vorsichtig in die Mitte und vollendet mit etwas Salz, ein paar Preiselbeeren und – falls ihr das Glück habt – mit den frischen Lärchensprossen. Dazu genügen gutes Brot und gute Butter.

Speck
Speckkkk

Sonntags nach der Messe lud Oma Touna immer zu sich ein. Egal wie viele Familienmitglieder, Nachbarn und Freunde – oder womöglich auch der Pfarrer selbst – auftauchen sollten, zwei Dinge hatte sie immer im Überfluss im Keller gebunkert: Bier und Speck. Aber nicht irgendeinen Speck, sondern den aus der eigenen Selchküche.

Für uns Südtiroler gilt: Speck ist nicht gleich Speck. Punkt. Ich habe viele Versionen von luftgetrocknetem und geräuchertem Schweinefleisch gesehen, aber Südtiroler Speck ist eindeutig ein Unikum. Niemand würde zum Serrano- oder Parmaschinken Speck sagen, wobei ich finde, dass jene beiden Gattungen dem Südtiroler Speck wesentlich ähnlicher sind als die meisten gleichnamigen Produkte nördlich der Alpen. So wird der Speck in Südtirol ebenfalls aus der Keule des Schweins hergestellt, Speck aus dem Schweinebauch wird hingegen penibel als solcher definiert. Zudem wird der Speck in Südtirol sowohl geräuchert als auch luftgetrocknet. Er ist also ein wahrer Hybrid aus mediterraner Schinken- und alpenländischer Speckkultur.

Neben einem Muss für die sogenannte »Marende« (Brotzeit) ist der Speck auch ein Aushängeschild für einen anständigen Haushalt. Im Idealfall stellt man ihn aus dem Fleisch der eigenen Schweine her, die womöglich auch noch den Sommer auf einer Alm verbracht haben und dort richtig an Gewicht zulegen durften. Wenn man keine eigenen Schweine haben sollte, dann greift man im zweitbesten Fall auf jene eines befreundeten oder bekannten Bauern zurück, der für die Speck-Eigenschaften seiner Ware garantiert. Passt erst mal das Fleisch, dann werden die familieneigenen und streng geheimen Gewürzmischungen zusammengerührt und aufgetragen. Dann wird geräuchert, luftgetrocknet und schlussendlich verkostet. Erst jetzt werden Sieg oder Niederlage, Triumph oder Schande, Dorfgespräch oder Geheimnis definiert. Wobei es in den meisten Fällen sowieso immer nur heißen wird:

»Mein Speckkkk isch dr Beschte!«

PIRCHER
OBSTLER

Törggelen – eine Lebenseinstellung

Mittlerweile ist das Törggelen fälschlicherweise in eine Menüabfolge uminterpretiert worden, bei der geselchtes Schweinefleisch, Sauerkraut, Knödel und Krapfen zum Standardrepertoire gehören. Ich kenne das Törggelen eher als eine Philosophie, ähnlich der spanischen Tapas. Beim Törggelen werden am offenen Feuer Kastanien gebraten, kalter Rotwein wird in üppigen Mengen getrunken, und nicht zuletzt wird der Speck aus dem Keller geholt. Es ist, wenn man so will, der dionysische Ausklang vor dem Winter.

20 MINUTEN

WAS MAN ZUM TÖRGGELEN BRAUCHT

Kastanien
Speck
Alm- oder Bergkäse
Herbstobst
Butter
Junger Wein (Suser) oder Vernatsch

ZUBEREITUNG

1. Ritzt die Kastanien (etwa 250 g pro Person) mit einem Messer ein und bratet sie in einer gelochten Pfanne über offenem Feuer. Schüttelt sie ständig und gebt acht, dass sich zwar die Schale der Kastanien schwärzt, damit ihr sie danach besser schälen könnt, dass jedoch das Fruchtfleisch nur leicht Farbe annimmt.
2. Beim Speckschneiden gibt es zwei Möglichkeiten. Entweder die einfache Variante, mit einer Aufschnittmaschine dünne Scheiben herunterzuschneiden, oder die klassische und laut mir authentische Version. Dafür schneidet ihr von der gesamten Speckhamme eine 1 cm dicke Scheibe entgegen der Fleischfaser ab. Entfernt die Schwarte (jedoch nicht das Fett!) und schneidet kleine, möglichst dünne Streifen aus dem Speckstück. Aufgepasst: Der auserwählte Speckschneider muss damit rechnen, dass ein Großteil des mühsam geschnittenen Specks von ungeduldigen Gästen schon während des Schneideprozesses gestohlen wird.
3. Bringt alles an eine Tafel, wo die Kastanien Stück für Stück von den Gästen selbst geschält werden. Es braucht kein Salz, denn zur Kastanie genügen die Würzigkeit des Specks und des Käses. Ergänzt wird alles mit frischem Obst aus dem Herbst. Damit alles gut in eure Mägen rutscht: ausgiebig Butter dazu essen und mit Wein hinunterspülen. Diese Form des Essens ist ein Prozess, der gute Gespräche und heitere Stunden verspricht.

Specktortellini mit Salbeibutter

Tortellini Emiliani werden klassisch zu Weihnachten zubereitet und in Suppe serviert. Dabei wird das Beste aus der Region in die Füllung gepackt: Mortadella, Parmaschinken und Parmesan. Ich hatte das Glück, von meiner aus der Emilia stammenden Italienischlehrerin Stefania zu lernen, wie man Tortellini traditionell herstellt. Im flurin haben wir das Rezept dann ein wenig abgeändert, um auch unserem geliebten Speck eine Rolle zuzuweisen.

50 MINUTEN

FÜR 4–6 PERSONEN

100 g Schweinekarree
100 g Speck
100 g Mortadella
150 g geriebener Parmesan
½ TL geriebene Muskatnuss
4 Eier
400 g Weizenmehl Type 00
2 EL Butter
8 Salbeiblätter
Salz
Pfeffer
Samenöl zum Anbraten

ZUBEREITUNG

1. Schneidet das Schweinefleisch in 2 cm große Würfel, würzt es mit Salz und Pfeffer und bratet es scharf in Öl auf allen Seiten an, bis es komplett gar ist. Lasst es für 10 Minuten abkühlen.
2. Schneidet den Speck und die Mortadella – auch gerne Abschnitte und Reste – in gleich große Würfel und treibt sie zusammen mit dem gebratenen Karree durch einen Fleischwolf. Würzt das dadurch entstandene Brät mit dem Parmesan, der Muskatnuss, Pfeffer und etwas Salz. Formt haselnussgroße Kugeln und legt sie beiseite.
3. Vermischt die Eier, das Mehl und 1 EL Wasser mit einer Küchenmaschine mit Knetaufsatz bei niedriger Stufe, bis ein fester, homogener Teig entsteht. Wickelt ihn in Klarsichtfolie und lasst ihn für eine halbe Stunde im Kühlschrank ruhen.
4. Rollt den Teig, wie auf Seite 26 beschrieben, mit einer Pastawalze aus und schneidet 4–5 cm große Quadrate aus. Besprüht oder bepinselt die Quadrate mit etwas Wasser und gebt in die Mitte jedes Teigstücks eine Kugel der Füllung.
5. Faltet das Quadrat diagonal über die Kugel, damit ein kleines Dreieck entsteht, und drückt die Ränder gut zusammen, sodass jegliche Luft aus dem Tortellino ausgeschlossen wird. Führt nun die beiden Enden der langen Seite des Dreiecks zueinander und drückt sie mit einer Drehbewegung zusammen. Wiederholt diesen Arbeitsschritt, bis Teig und Füllung aufgebraucht sind.
6. Kocht die Tortellini für 5 Minuten in leicht kochendem Salzwasser und schwenkt sie anschließend in einer Emulsion aus Butter, ein paar Löffeln des Pastawassers und den Salbeiblättern.

Speckdashi mit Sobanudeln und Tofu

Es gibt viele Möglichkeiten, eine Grundbrühe zuzubereiten. Eine sehr clevere Art ist meiner Meinung nach jene des japanischen Dashi. Dafür reichen im Prinzip geräucherte Thunfischflocken, Kombu-Alge und etwas Sojasauce. Ich habe diesen Umami-Trick imitiert und dabei den Thunfisch gegen Speckreste und die Alge gegen getrocknete Steinpilze und Liebstöckel ausgetauscht. Diese Grundbrühe kann als Basis für jegliche Zubereitung herangezogen werden. Hier habe ich einen Vorschlag mit Sobanudeln, die mich an die Pizzoccheri aus dem Veltlintal erinnern, und geräuchertem Tofu.

35 MINUTEN

FÜR 4 PERSONEN

Für den Dashi
1 Zwiebel
1 Karotte
100 g Speck, auch Schwarte und Abschnitte
1 Handvoll getrocknete Steinpilze
2 EL getrockneter Liebstöckel
40 ml Sojasauce
Salz

Für die Sobanudeln
200 g feines Buchweizenmehl
100 g Weizenmehl Type 00
1 Prise Salz

Zum Anrichten
100 g geräucherter Tofu
2 EL geröstetes Sesamöl

TIPP

Alternativ könnt ihr natürlich auch gekaufte Sobanudeln verwenden.

ZUBEREITUNG

DASHI

1. Halbiert die Zwiebel und röstet die beiden Hälften in eurem Suppentopf ohne Öl auf der Schnittfläche, bis sie dunkelbraun geworden sind. Befreit die Karotte von ihren Enden, drittelt sie und gebt sie zu der Zwiebel in den Topf. Gießt mit einem Liter Wasser auf.
2. Bringt alles zum Kochen und gebt Speck, Pilze und Liebstöckel dazu. Lasst die Suppe für mindestens 30 Minuten und bis zu maximal 2 Stunden leicht köcheln. Gießt dabei gelegentlich etwas Wasser an.
3. Passiert danach den fertigen Dashi durch ein feines Sieb und schmeckt entschlossen mit Salz und der Sojasauce ab.

SOBANUDELN

1. Vermischt beide Mehltypen mit dem Salz und gebt zu Beginn etwa 100 ml Wasser hinzu. Knetet alles mit den Händen oder einer Küchenmaschine mit Knetaufsatz bei niedriger Stufe durch und gebt dabei langsam noch einmal 40 ml Wasser dazu. Knetet kraftvoll für weitere 5 Minuten oder bis ein homogener Teig entstanden ist.
2. Formt eine Kugel und schneidet 2 cm dicke Scheiben davon ab. Rollt jede Scheibe mit einem Nudelholz oder einer Pastawalze etwa 2 mm dick aus. Überlappt daraufhin den Teig und schneidet mit einem Messer dünne Nudeln hinunter.
3. Kocht die Sobanudeln in reichlich Salzwasser für 3 Minuten, schneidet den Tofu in Würfel und beträufelt Nudeln und Tofu mit dem Sesamöl. Serviert beides mit dem heißen Speckdashi.

Innereien

Ingwoad

Wir wollen in diesem Buch keine Moralpredigten halten, es ist mir jedoch wichtig zu betonen, dass es beim Thema Fleisch (und auch bei allen anderen Produkten) nicht nur um die verantwortungsvolle Haltung und Schlachtung, sondern auch um die Verwertung geht. Sie hängt nämlich im größten Maße von uns Konsumenten ab und von dem, was wir mögen und was wir nicht mögen. Bei Oma Touna gab es das wählerische »etwas nicht Mögen« und somit das Ablehnen von Speisen nur in der Theorie, jedoch niemals in der Praxis. Wenn ihr Wort nicht genügte, dann wurde der liebe Gott in den Diskurs mit einbezogen. Dieses Erziehungskonzept ist wahrscheinlich nicht mehr en vogue, es hat aber durchaus Sinn.

Was wir gerne oder ungern essen, ist nicht ausschließlich subjektiv, sondern auch immer sozial erlernt. Man wird als Kind von seinem sozialen Umfeld in die Welt des Essens eingeführt, und dabei entstehen die Altäre des »Aufessens«. Das Aufessen ist wichtig, aber die Köche des Hauses sind dabei noch viel wichtiger. Es geht darum, die richtige Menge zu kochen, sonst hat das Aufessen wenig moralischen Wert. Es geht im Übrigen auch darum, richtig einzukaufen, sonst hat das richtige Kochen wenig Sinn. Denn es zählt nicht nur die Menge, sondern auch die Art und Weise, wie eingekauft wird. Nachhaltigkeit und Verantwortung für Lebensmittel kommt auch zum Ausdruck im bewussten Kauf eines Joghurts, der kurz vor dem Ablaufdatum steht, wenn man ihn demnächst essen wird und nicht den Tod hinter jeder Zahl vermutet. Schlussendlich geht es auch noch darum, kreativ zu verwerten, denn nur so können die unvermeidlichen Abweichungen bei Punkt eins und zwei ausgebessert werden.

In wenigen Worten: Jede*r muss sein Verhalten an die Ressourcen anpassen, wenn er oder sie etwas ändern möchte. Jede*r muss sich bewusst sein, dass ein Tier zum kleinsten Teil aus Filet und zum größten Teil aus Knochen, vermeintlich zähen Muskeln und nicht zuletzt aus Eingeweiden besteht. Und nun bin ich dort angelangt, wo ich eigentlich hinwollte: Kostet irgendwann mal Innereien, denn richtig zubereitet können sie zum Geschmackserlebnis werden.

Saure Kuttelsuppe

Traditionell wird diese Suppe zu den Vinschger Jahrmärkten im Herbst, wie z. B. dem »Sealamorkt« in Glurns, zubereitet. Die Leute stehen Schlange, um einen Teller dieses Kultgerichts zu ergattern, welches tatsächlich meistens nur einmal im Jahr gegessen wird. Im Prinzip ist diese Speise eine sauer abgeschmeckte Einbrenn-Suppe, die vor allem hungrige Mägen füllen sollte. Ich habe mir erlaubt, sie ein wenig mit Kastanien und Joghurt aufzupeppen. Man möge es mir verzeihen.

40 MINUTEN

FÜR 4 PERSONEN

60 g Butter
3 EL Roggenmehl
2 Zwiebeln, fein gehackt
2 Knoblauchzehen, fein gehackt
100 ml Weißwein
300 g Kutteln (Rindervormagen), gereinigt, gekocht und in Streifen geschnitten
10 gekochte Kastanien, geviertelt
1 Spritzer Balsamico-Essig
Saft und Schale von 2 unbehandelten Zitronen
4 EL Joghurt
1 Frühlingszwiebel, in feine Ringe geschnitten
Salz
Pfeffer

ZUBEREITUNG

1. Schmelzt die Butter in einem großen Topf und gebt das Roggenmehl dazu. Röstet das Mehl unter ständigem Rühren bei mittlerer Temperatur, bis es dunkelbraun wird und aromatisch riecht. Das ist die sogenannte »Einbrenne«, welche die Basis für die meisten Arme-Leute-Suppen im Vinschgau bildet.
2. Gebt nun die Zwiebeln und den Knoblauch dazu und kocht alles für 2 weitere Minuten. Löscht dann mit dem Weißwein ab und lasst ihn kochen, bis der Alkohol verdunstet ist.
3. Fügt nun unter ständigem Rühren 1,5 Liter Wasser (oder auch Brühe) hinzu und würzt kräftig mit Salz und Pfeffer. Bringt die Suppe zum Kochen und gebt die in 5 mm dicke Streifen geschnittenen Kutteln dazu.
4. Lasst das Ganze nun leicht köcheln und rührt gelegentlich um, damit nichts am Topfboden anbrennt. Nach 30 Minuten sollten die Kuttelstreifen weich sein und die Suppe eine cremige Konsistenz aufweisen. Nun könnt ihr die gekochten Kastanien vierteln und gemeinsam mit dem Essig, der Zitronenschale und dem Zitronensaft dazugeben. Noch 1 Minute ziehen lassen und couragiert abschmecken.
5. Richtet sie in Tellern an und gebt acht, dass jede*r genügend von den Kutteln und den Kastanien erhält. Gebt auf jede Portion ein paar Kleckse vom Naturjoghurt und ein paar Frühlingszwiebelringe. Bon appétit!

Strozzapreti mit Entenleber-Ragout

Mit nur 10 Minuten Kochzeit das wahrscheinlich schnellste Ragout, das man sich vorstellen kann! Perfekt dazu passen die Strozzapreti, die wörtlich übersetzt »Priestererwürger« bedeuten. Der Legende nach stammt dieser ungewöhnliche Pasta-Name von der Bauernklasse im ehemaligen Kirchenstaat in Zentralitalien. Die Strozzapreti sollten als Protest gegen die Steuern dienen, die von den Geistlichen verhängt wurden und die den Bauern oft die Lebensgrundlage raubten. Alternativ passen auch Pappardelle oder Penne perfekt zu diesem rustikalen Sugo.

10 MINUTEN

FÜR 4 PERSONEN

400 g Strozzapreti
1 Zwiebel
1 EL Butter
200 g frische Entenleber
½ EL Weizenmehl
100 ml Weißwein
2 Lorbeerblätter
50 g Steinpilze, in Streifen geschnitten (optional)
Schale von ½ unbehandelten Zitrone
4 EL geriebener Parmesan
Salz
Pfeffer

ZUBEREITUNG

1. Bringt reichlich Salzwasser in einem Topf zum Kochen und gart darin die Pasta nach der auf der Packung angegeben Zeitangabe »al dente«.
2. Schneidet in der Zwischenzeit die Zwiebel in dünne Scheiben und schwitzt sie in der Butter an, bis sie weich und glasig ist. Befreit die Leber von allen Sehnen und der äußeren Membran, schneidet sie in mundgerechte Stücke und bestäubt sie leicht mit dem Mehl.
3. Erhöht nun die Temperatur in eurer Pfanne und bratet die Leber von allen Seiten scharf an, bis sich am Pfannenboden ein Bratensatz gebildet hat. Löscht dann sogleich mit dem Weißwein ab.
4. Lasst den Wein für 1 Minute einkochen und gebt die Lorbeerblätter und optional die Steinpilze dazu. Würzt erst jetzt euer Ragout mit Salz, Pfeffer und Zitronenabrieb.
5. Gebt die gegarte Pasta zusammen mit 2–3 Spritzern des Kochwassers zum Ragout, streut den Parmesan darüber, schwenkt alles gründlich durch und serviert, so schnell ihr könnt, damit die Leber nicht verkocht.

THIN SOY SAUCE

Kalbszunge mit Erbsenschotensalat und Sesam

Dieses von der japanischen Küche inspirierte Gericht ist ein Twist des allseits beliebten Tellerfleischs. Kalbszunge ist – entgegen dem Volksglauben – sehr einfach zuzubereiten und überaus zart. Der Erbsenschotensalat ist hingegen eine fast zum Verwechseln ähnliche Alternative zum Wakame-Algensalat und perfekt als Vorspeise an warmen Sommertagen, begleitet von einem Stück Brot.

ZUBEREITUNGSZEIT: 20 MINUTEN • GARZEIT: 2 STUNDEN

FÜR 4 PERSONEN

Für die Zunge
1 Zwiebel
2 Karotten, halbiert
1 Selleriestange, halbiert
2 Lorbeerblätter
5 Pfefferkörner
5 Wacholderbeeren
1 frische Kalbszunge (ca. 600 g)
Salz

Für den Salat
100 g frische Erbsenschoten
50 ml geröstetes Sesamöl
50 ml leichte Sojasauce
1 EL Honig
Saft von 1 Zitrone
2 EL gemischte Sesamsamen
Salz

TIPP

Werft den Sud, in dem ihr die Zunge gekocht habt, keinesfalls weg! Es handelt sich dabei nämlich um eine herzhafte Fleischbrühe, die ihr vielseitig verwenden könnt.

ZUBEREITUNG

ZUNGE

1. Schneidet die Zwiebel quer durch und gebt sie mit der flachen Seite nach unten in einen Suppentopf. Röstet die Zwiebel bei hoher Temperatur, bis sie dunkelbraun geworden ist und süßlich zu riechen beginnt.
2. Fügt die geputzten und halbierten Karotten und den Sellerie hinzu und gießt alles mit etwa 2 l Wasser auf. Salzt das Wasser kräftig, gebt Lorbeer, Pfeffer und Wacholder hinein und bringt die Grundbrühe zum Kochen.
3. Gebt dann die Zunge dazu und lasst alles zugedeckt bei schwacher Temperatur für 2 Stunden köcheln. Wenn die Zunge weich ist, könnt ihr sie aus dem Sud holen, kurz abkühlen lassen und schälen. Dafür müsst ihr lediglich die helle, leicht ledrige Membran von der Zungenoberfläche lösen. Zurück bleibt sehr zartes Fleisch, das ihr nun dünn mit einem Messer oder der Aufschneidemaschine portionieren könnt. Wichtig ist, dass ihr die Zunge vorher jedoch kurz abkühlen lasst.

SALAT

1. Schneidet die Enden der Erbsenschoten ab. Kocht die Erbsenschoten für 2 Minuten in gesalzenem Wasser. Schreckt sie dann in kaltem Wasser mit Eiswürfeln ab und schneidet sie mit einem Messer in dünne Streifen.
2. Vermischt mit einem Schneebesen oder einem Mixstab das Sesamöl, die Sojasauce, den Honig und den Zitronensaft. Gebt einen Teil davon zum Erbsenschotensalat und träufelt den Rest über die Zungenscheiben.
3. Toastet den Sesam in einer Pfanne oder im Backrohr, bis er Farbe annimmt und nussig riecht. Streut ihn noch warm über die Zunge, und fertig ist der Schmaus.

Pilze

Schwammlan

Sie sind für mich die Superhelden unter den Wald- und Wiesenbewohnern. Sie tauchen aus dem Nichts auf, können alle erdenklichen Farben und Formen annehmen, und wenige Details entscheiden unter Umständen, ob sie gut oder böse sind. Zudem sind sie wahre Meister des Überraschungsmoments. Oft streift man wie Sherlock Holmes durch den Wald und sucht sie vergebens, an anderen Tagen spaziert man ahnungslos umher und PLÖTZLICH ... sieht man ihn, den perfekten Pilz. Man bückt sich und schaut ungläubig nach links und rechts und – EI! – erscheint der nächste und der übernächste, und man kann sein Glück nicht fassen. Es gibt kaum schönere Erfolgsgeschichten für mich, als wenn ich mit diesen herrlich duftenden Genossen den Heimweg antreten darf und schon in Gedanken alle möglichen Zubereitungsmethoden wie einen Film im Kopf abspielen kann. Scheinbar geht es auch vielen anderen so, was sich darin äußert, dass im Vinschger Spätsommer ein wahrhaftiger Wettlauf um die kostbaren »Schwammlen« beginnt. Die Forstbehörde hat dann allerhand zu tun, um vor allem sehr ambitionierte Gäste aus Norditalien davon abzuhalten, mit einem Kofferraum voller Pilze die Heimreise anzutreten. Immerhin braucht es auch für die Balance des Waldes Maß und Ziel.

Zudem ist schon für eine nachhaltige Alternative gesorgt. Neben den einzigartigen Waldpilzen gibt es mittlerweile auch sehr spannende Pilzzuchten. Zum Beispiel jene von zwei jungen Burschen aus Aldein im Bozner Raum, die unter dem Label »Kirnig« tolle Kräuterseitlinge, Shiitake und Austernpilze in bester Bio-Qualität züchten. Ich habe das Glück, dass ich das ganze Jahr über mit spannenden Pilzsorten kochen darf, denn ohne sie wäre ich verloren. Ob roh veredelt, golden gebraten, knusprig frittiert oder getrocknet als Umami-Kick: Wenn ich einen Geschmacks-Superhelden brauche, dann sind sie zur Stelle.

Steinpilzcarpaccio mit Olivenöl und Heidelbeeren

Wenn man mit mir zum Pilzesammeln aufbricht, dann steht eines von vornherein fest: Falls wir erfolgreich sind, werden nicht alle »Schwammlen« den Heimweg erleben! Vor allem Steinpilze bereite ich am liebsten sofort roh mit etwas gutem Olivenöl, Salz und womöglich ein paar Beeren zu, dann schmeckt man nämlich ihr filigranstes Aroma. Noch ein Gläschen Wein und ein Schnäpschen dazu, und die Wanderung nach Hause fällt umso leichter!

5 MINUTEN

FÜR 4 PERSONEN

4 äußerst frische Steinpilze
4 EL gutes Olivenöl
Saft von 2 Zitronen
Meersalz
frisch gemahlener Pfeffer
4 Zweige frischer Zitronenthymian, die Blätter abgezupft
1 Handvoll Blaubeeren

TIPP

Alternativ funktionieren übrigens auch Kräuterseitlinge sehr gut als Carpaccio.

ZUBEREITUNG

1. Das Reinigen der Pilze sollte so schonend wie möglich geschehen. Trennt dafür die Schirme von den Stielen und schneidet die Enden der Letzeren sparsam ab. Falls nicht unbedingt nötig, solltet ihr die Pilze weitgehend von Wasser fernhalten. Reibt sie lieber gründlich mit einem feuchten Tuch ab und entfernt hartnäckigen Schmutz mit einem kleinen Messer.
2. Schneidet Schirme und Stiele mit einem scharfen Messer oder einer Mandoline in möglichst dünne Scheiben. Verteilt das Pilzcarpaccio auf einem Teller und beträufelt es großzügig mit erstklassigem Olivenöl und dem Zitronensaft.
3. Würzt eure Pilze gefühlvoll mit gutem Meersalz und frisch gemahlenem Pfeffer. Zupft die Thymianblätter darüber und vollendet mit ein paar frischen Blaubeeren.

Pilzlasagne

Zu meinen absoluten Lieblingsgerichten gehört Lasagne, nicht nur mit Ragout, sondern in allen Formen und Variationen. Meine Mutter bereitete sie meistens zu meinem Geburtstag zu, und das war für mich eigentlich schon Geschenk genug. Die knusprige Kruste an der Oberfläche, das magmaartige Innere – und dann noch mit einem Stück Brot die Auflaufform bearbeiten ... einfach himmlisch.

ZUBEREITUNGSZEIT: 30 MINUTEN • GARZEIT: 30 MINUTEN

FÜR 8 PERSONEN

Olivenöl
2 Knoblauchzehen
500 g frische Pilze
100 g Butter
120 g Mehl
1,2 l Milch
Muskatnuss
70 g geriebener Parmesan
50 g getrocknete Pilze
500 g getrocknete oder frische Pastablätter (siehe Seite 26)
1 Bund frischer Thymian, die Blätter abgezupft
150 g Fontina oder anderer schmelzfähiger Käse (Edamer, Tilsiter o. ä.)
Salz
Pfeffer

ZUBEREITUNG

1. Gebt etwas Olivenöl zusammen mit den ganzen Knoblauchzehen in eine Bratpfanne und erhitzt alles, bis es beinahe zu rauchen beginnt. Entfernt die Knoblauchzehen und gebt die in kleine Stücke geschnittenen frischen Pilze dazu. Bratet sie so lange bei hoher Temperatur, bis keine Flüssigkeit mehr aus ihnen austritt und sie sich goldbraun gefärbt haben. Würzt sie am Schluss mit Salz und Pfeffer.
2. Schmelzt die Butter in einem Topf und rührt das Mehl ein. Lasst diese sogenannte »Roux« für 3 Minuten unter ständigem Rühren bei mittlerer Temperatur auskochen und gebt dann schrittweise die warme Milch dazu. Rührt mit dem Schneebesen weiter, bis die gesamte Milch aufgebraucht und eine geschmeidige Sauce entstanden ist. Würzt mit Salz und geriebener Muskatnuss. Gebt nun 50 g des geriebenen Parmesans und die getrockneten Pilze in die Béchamel und püriert sie mit einem Stabmixer.
3. Nun zu meinem Lieblingsteil: dem Zusammenbauen. Fettet eine feuerfeste Backform ein und beginnt mit einer dünnen Schicht Sauce, dann einer Schicht Pastablätter. Nun erneut eine Schicht Sauce, verteilt darauf einige Pilze, ein paar Thymianblätter und etwas vom gewürfelten Fontina. Wiederholt diesen Schritt, bis keine Zutaten mehr übrig sind, und bedeckt die Lasagne mit den restlichen 20 g geriebenem Parmesan und etwas Olivenöl.
4. Backt nun euer Prachtstück für 30 Minuten bei 180 °C im Ofen. Wichtig: Lasst die Lasagne nach der Garzeit für mindestens weitere 10 Minuten ruhen, bevor ihr sie serviert. Dadurch lässt sie sich im Anschluss wesentlich leichter portionieren. Dann aber: Haut rein!

Japanisches Pilz-Curry

Ja, auch in Japan isst man gerne Curry bzw. Karē. Es wurde gegen Ende des 19. Jahrhunderts von den Engländern ins Land gebracht und dort auf verschiedene Art und Weise interpretiert. Am beliebtesten ist das Katsu Curry (Katsukarē), welches neben dem Reis und der Currysauce mit einem gebackenen Schweinekotelett serviert wird. Meine Version bringt ebenfalls das Knusprige und das Seidige zusammen, jedoch zur Abwechslung rein vegetarisch.

35 MINUTEN

FÜR 4 PERSONEN

Für die Currysauce
- 2 EL Butter
- 2 EL Mehl
- 2 EL Garam Masala
- 1 TL gemahlener Kreuzkümmel
- 1 TL gemahlene Koriandersamen
- 2 TL gemahlene Kurkuma
- 1 Zwiebel, fein gehackt
- 3 Knoblauchzehen, fein gehackt
- 1 Karotte, in 1 cm dicke Scheiben geschnitten
- 100 g Champignons, halbiert
- 1 daumengroßes Stück Ingwer, fein gerieben
- 1 Chilischote, fein gehackt
- Salz
- 2 EL Sojasauce
- 2 EL Marillenmarmelade

Außerdem
- 1 TL Garam Masala
- 2 EL Mehl
- 1 Ei
- 2 EL Milch
- 1 Prise Salz
- 150 g Pilze (Shiitake, Kräuterseitlinge, Champignons o. ä.)
- 100 g Brotbrösel (am besten Panko)
- Öl zum Frittieren
- 300 g Basmatireis
- 1 Frühlingszwiebel, in feine Ringe geschnitten

ZUBEREITUNG

CURRYSAUCE

1. Im Unterschied zu den meisten indischen Currys wird ein japanisches Curry mit einer Mehlschwitze gebunden. Beginnt deshalb damit, die Butter zu schmelzen, und gebt das Mehl dazu. Kocht es für 2 Minuten bei mittlerer Temperatur aus und fügt Garam Masala, Kreuzkümmel, Koriander und Kurkuma hinzu. Toastet eure »Roux« für 1 weitere Minute und fügt dann die gehackte Zwiebel, den Knoblauch, die Karottenscheiben, die Champignons, den Ingwer und den gehackten Chili hinzu.
2. Rührt alles gut um und gießt mit 800 ml heißem Wasser auf. Würzt mit Salz und der Sojasauce. Lasst euer Curry für 10 Minuten köcheln, bis es eine seidige Konsistenz hat und die Karotten noch bissfest, aber gar sind. Gebt zum Schluss die Marmelade dazu, um dem Ganzen die für das Karē typische fruchtig-süße Note zu verpassen.

VOLLENDUNG

1. Vermischt das Garam Masala mit dem Mehl. Schlagt das Ei mit der Milch und 1 Prise Salz auf. Wendet die Pilze zuerst im Gewürz-Mehl, dann in der Eimasse und schlussendlich in den Bröseln, sodass sie von allen Seiten gut mit der Panade bedeckt sind.
2. Frittiert die Pilze in einer Pfanne mit reichlich Öl bei etwa 180 °C bis sie goldbraun und knusprig sind, lasst sie auf Küchenpapier abtropfen und salzt sie erneut. Kocht in der Zwischenzeit den Reis in leicht gesalzenem Wasser und schneidet die Frühlingszwiebel in dünne Ringe. Serviert das Curry mit dem Reis, den frittierten Pilzen und der Frühlingszwiebel.

Kürbis

Kirbas

Mit dem Kürbis verbinde ich zwei Gegensätze: die Magie und die pure Langeweile. Die Magie kommt von seinem märchenhaften Erscheinungsbild als Kutsche Aschenputtels oder als Jack O´Lantern zu Halloween. Die Langeweile kommt wiederum vom meiner Meinung nach exzessiven Gebrauch als Cremesuppe. Versteht mich dabei nicht falsch, eine gut gemachte Kürbiscremesuppe ist nach wie vor etwas Köstliches, aber weil Kürbisse meist recht groß sind und man in Südtirol nicht wirklich kreativ damit umgehen wollte, wurde mir die Kürbisküche irgendwann zu eintönig. Das hat sich in den letzten Jahren freilich drastisch geändert: Durch internationale Einflüsse verwendet man den Kürbis mittlerweile in spannenden Desserts und Torten, in pfiffigen vegetarischen Currys und herzhaften Pasta- und Risottogerichten.
Zudem dürfen wir niemals die Kerne und das daraus gewonnene Öl vergessen. Meine Schwägerin stammt aus der Steiermark, für sie ist das Kürbiskernöl ein Lebenselixier, und ich muss zugeben, dass ich es mit Maß und Ziel mittlerweile selbst gerne einsetze.
Jedenfalls lag es mir aufgrund des genannten Dilemmas sehr am Herzen, mich in die kulinarische Neuinterpretation der Kürbisgerichte einzubringen. Nicht nur für uns Köche, sondern auch für uns Normalverbraucher. Ich denke, jeder weiß, wie es sich anfühlt, wenn im Kühlschrank ein riesiger Kürbis lauert und man schon das Suppenpensum für den Herbst erreicht hat. Deshalb ein Twist an einem traditionellen Gericht, das es bei uns in süßer und salziger Form gibt, dem »Riebl«. Dann wiederum eine herzhafte Version als Teigtaschen, die in Kombination mit einer würzigen Käsesauce immer wieder den Weg auf die flurin-Speisekarte finden. Schlussendlich ein argentinisches Schmorgericht, das zwar unserem Gulasch ähnelt, jedoch noch mehr Spaß beim Kochen und Essen macht. Ich hoffe, ich kann euch mit diesen Rezepten nicht nur Ideen, sondern auch Enthusiasmus für unsere orangen Wunderpflanzen vermitteln. Ich habe meine Begeisterung jedenfalls wiedergefunden.

Kürbisriebl

Riebl ist ein typisches Bauerngericht des Vinschgaus. Es wurde zum Frühstück oder am Abend zubereitet und sowohl süß wie salzig gegessen. Die klassische Version enthielt entweder Kartoffeln oder Buchweizen. Ich bin so frech und nehme für diese süße Version Kürbis und Buchweizen, oder Schwarzplentn, wie man Buchweizen bei uns nennt, her. Meiner Oma hat der Kürbisriebl geschmeckt, also kann er sich wohl wirklich sehen lassen!

40 MINUTEN

FÜR 4 PERSONEN

200 g Kürbis
200 g Buchweizenmehl
2 Eier
2 TL Salz
1 EL Honig
2 EL Butter
1 EL Zimtpulver
2 EL Zucker

ZUBEREITUNG

1. Schält einen Speisekürbis eurer Wahl (Hokkaidokürbisse müssen nicht geschält werden), schneidet das Fruchtfleisch in 3 cm große Würfel und schmort sie mit einem Schuss Wasser zugedeckt für 30 Minuten bei 200 °C im Ofen.
2. Zerkleinert daraufhin den Kürbis mit einem Pürierstab oder Mixer zu einem feinen Püree. Vermischt es mit dem Buchweizenmehl, den Eiern, dem Salz und dem Honig und knetet gründlich durch. Das Resultat sollte ein leicht klebriger, jedoch homogener Teig sein.
3. Erhitzt die Butter in einer Bratpfanne, bis sie zu schäumen beginnt, und drückt den Teig wie einen Fladen in die Pfanne. Wartet, bis euer Riebl Farbe annimmt, und wendet ihn. Nehmt nun zwei Löffel und fangt an, den Teig zu zerstückeln, zu zerdrücken und zu rühren, bis kleine Segmente entstehen. Gart den Riebl für weitere 5 Minuten, bis er leicht knusprig geworden ist und nussig duftet.
4. Bestreut ihn mit einer Mischung aus Zimt und Zucker und serviert ihn, so wie es die Riebl-Tradition will, in der Pfanne mit Marmelade und Apfelmus!

Kürbisravioli mit Taleggio und Haselnüssen

Teigtaschen herzustellen ist keine Hexerei. Wer zu Weihnachten gerne Kekse backt, hat eigentlich den schwierigsten Teil schon miterlebt. Zudem hat es etwas wundervoll Therapeutisches, so wie das Spielen mit Knetmasse in der Kindheit. Die Devise lautet: Uniformität ist weniger wichtig als der Spaß beim Zubereiten und der Geschmack am Schluss!

1 STUNDE

FÜR 4 PERSONEN

Für die Pasta
½ Pastateigrezept (siehe Seite 26)

Für die Füllung
400 g Kürbis
1 TL Cayennepfeffer
2 Knoblauchzehen
1 kleines Bund Salbei

Für die Sauce
150 g Taleggio (oder ein anderer Weichkäse, z. B. Camembert)
150 g Sahne
70 g grob gehackte Haselnusskerne
Butter
Salz
Pfeffer
Samenöl

ZUBEREITUNG

1. Schält einen Speisekürbis eurer Wahl (Hokkaidokürbisse müssen nicht geschält werden) und schneidet das Fruchtfleisch in 3 cm große Würfel. Mariniert sie mit Öl, Salz, Pfeffer und Cayennepfeffer. Schiebt alles zusammen mit dem zerdrückten Knoblauch und den Salbeiblättern für 40 Minuten bei 170 °C in den Ofen. Püriert oder zerstampft danach den Kürbis und schmeckt ihn erneut würzig ab. Lasst ihn für mindestens 1 Stunde im Kühlschrank abkühlen, bevor ihr damit die Pasta füllt.
2. Rollt die Pasta aus, wie auf Seite 26 beschrieben, und gebt auf die Hälfte eines Pastablatts walnussgroße Kugeln eurer Kürbisfüllung. Ihr könnt dafür zwei Löffel oder auch einen Spritzbeutel verwenden. Bepinselt die leere Teighälfte mit etwas Wasser und klappt sie präzise über eure Kürbisinseln. Drückt den Teig mit den Fingern rund um die Stellen mit dem Kürbis gut an und schneidet mit einem kreisförmigen oder eckigen Ausstecher, wie beim Keksebacken, mit so wenig Zwischenräumen wie möglich eure Ravioli aus. Legt sie auf ein bemehltes Brett und deckt sie mit einem Küchentuch zu. Den übrigen Teig könnt ihr erneut mindestens zweimal ausrollen. Wiederholt diesen Prozess, bis euch Teig und Füllung ausgehen.
3. Schneidet in der Zwischenzeit den Taleggio in Würfel und schmelzt ihn bei niedriger Temperatur in der Sahne. Rührt gut um und schmeckt, falls nötig, mit etwas Salz ab.
4. Toastet die Nüsse im Ofen für 10 Minuten oder einfach so lange, bis sie leicht dunkel sind und herrlich riechen. Zerstampft sie grob mit einem Mörser oder hackt sie mit einem Messer klein.
5. Gart die Ravioli im leicht köchelnden Salzwasser für 3 Minuten und schwenkt sie anschließend in einer Pfanne mit etwas Butter und ein paar Löffeln des kostbaren Pastawassers. Serviert sie mit reichlich Taleggiosauce und den getoasteten Nüssen.

Argentinische Carbonada

Im Prinzip haben wir hier eine südamerikanische Gulasch-Version, die perfekt für kalte Herbsttage geeignet ist. Traditionell wird dieses Gericht in ausgehöhlten Kürbissen serviert, ihr könnt sie dafür einfach mit dem Eintopf füllen und die letzte Stunde der Garzeit bei 170 °C ins Rohr stellen. Halloween mal anders und mit mehr Nutzen!

ZUBEREITUNGSZEIT: 30 MINUTEN • GARZEIT: 2 ¼ STUNDEN

FÜR 4 PERSONEN

500 g Schulter oder Nacken vom Rind
1 Maiskolben
200 g Kürbis
1 Zwiebel, fein gehackt
1 EL getrockneter Oregano
1 EL geräuchertes Paprikapulver
1 TL Chiliflocken
1 EL Tomatenmark
100 ml Rotwein
100 g Dosentomaten
2 Erdäpfel
Samenöl
Salz
Pfeffer
1 Pfirsich, in feine Spaltengeschnitten
1 EL feine Schnittlauchröllchen

ZUBEREITUNG

1. Schneidet das Schmorfleisch in 4 cm große Würfel, würzt es mit Salz und Pfeffer und bratet es scharf in einer Pfanne mit Öl von allen Seiten an.
2. Schneidet den Mais in 3 cm dicke Ringe, den geschälten Kürbis in 5 cm große Würfel und gebt beides zusammen mit der fein gehackten Zwiebel zum Fleisch in die Pfanne. Fügt nun den Oregano, das Paprikapulver, die Chiliflocken und das Tomatenmark hinzu und röstet alles, bis sich das Gemüse braun färbt.
3. Löscht sogleich mit dem Rotwein ab und lasst ihn für 1 Minute einkochen. Gebt daraufhin die Dosentomaten und genau so viel Wasser dazu, bis alles komplett bedeckt ist. Würzt erneut mit Salz und lasst eure Carbonada zugedeckt für 2 Stunden leicht köcheln. Falls die Sauce zu sehr einreduzieren sollte, könnt ihr einfach noch etwas Wasser hinzufügen.
4. Schält in der Zwischenzeit die Erdäpfel und schneidet sie in 2 cm große Würfel. Gebt sie nach den 2 Stunden dazu und kocht euren Eintopf für weitere 15 Minuten oder bis die Erdäpfel weich sind und das Fleisch fast schon zerfällt.
5. Der Kürbis, der Mais und die Kartoffeln sorgen dafür, dass zum Schluss eine wunderbar sämige Sauce entsteht. Serviert das herzhafte Gericht mit frischen Pfirsichscheiben und Schnittlauchröllchen.

Rezeptregister

Danke!

So vielen gebührt es zu danken, dass die verbleibenden Seiten niemals ausreichen würden. Auch wenn Ihr hier nicht namentlich erwähnt seid, sollt Ihr wissen, dass ich Eure Unterstützung nie vergessen werde.

Drei Gruppen von Leuten möchte ich trotzdem hervorheben, weil sie mich als Person und insbesondere dieses Projekt besonders geprägt haben.

Zuerst die Wurzeln und die Muse: meine Großeltern, meine Eltern, meine beiden großen Brüder mit ihren starken Frauen und meine Jana. Danke für viel Unterstützung, Rat, Geduld und Verständnis.

Zweitens die Förderer und Weggefährten: Udo, mein Seelenverwandter aus einer anderen Generation, der nicht nur durch seine herausragende Arbeit, sondern auch als Mensch und Mentor mein Leben verändert hat. Danke für das geballte Vinschger Herzblut,
das Du in dieses Projekt gesteckt hast.
Zudem ein großes Danke an Sonya Mayer für die Courage und die Begeisterung,
mit der sie mit uns zusammen auf das Boot der Entdecker gestiegen ist.

Zu guter Letzt gilt es, meinem gesamten Team, den »flurinern«, zu danken.
Ihr habt mir das ganze Jahr über den Rücken freigehalten
und mein Herz Tag für Tag mit Stolz erfüllt.
Ohne Euch gäbe es deshalb kein Uns, kein flurin und auch kein Buch.
Danke Euch allen!

Über den Autor

Thomas Ortler vertiefte nach seinem Abschluss als Sozialhistoriker seine Liebe zum Kochen und landete dabei in den Küchen der Koryphäen Konstantin Filippou und Paco Pérez. Er führt seit 2018 als Chef Patron sein innovatives Restaurant »flurin« in Südtirol. Im Fokus seiner kreativen Küche stehen die Themen Regionalität, Nachhaltigkeit und Konsumethik. Thomas Ortler wurde vom *Gault & Millau* als »Entdeckung des Jahres 2022« und vom *Falstaff* als »Best Young Chef 2023« ausgezeichnet.

Über den Fotografen

Udo Bernhart arbeitet seit mehr als 40 Jahren als freier Fotograf und Fotojournalist. Im Vinschgau aufgewachsen und der Südtiroler Landschaft eng verbunden, führten ihn Aufträge in die ganze Welt: Feuerland, China, Alaska, Kamtschatka ...
Seine Aufnahmen sind in deutschen sowie internationalen Magazinen erschienen. Er hat zahlreiche Fotoreportagen und mehr als 150 Bildbände veröffentlicht, darunter einige Kochbücher zum Thema Südtirol. So hat er zwei Kochbücher mit Dreisternekoch Norbert Niederkofler gemacht. Bei Christian sind erschienen: »Südtirol – Die junge Bergküche«, »Weihnachten in den Alpen«, »Das neue Südtirol« und »La Cucina Sarda«.

Impressum

Verantwortlich: Sonya Mayer
Texte & Rezepte: Thomas Ortler
Fotografie: Udo Bernhart
Redaktion: Larissa Rabe
Layout: Helen Garner
Umschlaggestaltung: Regina Degenkolbe
Repro: LUDWIG:media
Korrektorat: Asta Machat
Herstellung: Julia Hegele

Printed in China by C&C Printing.

Bildnachweis: Alle Fotografien stammen von Udo Bernhart, mit Ausnahme von:
Seite 6 (l. u.) – dieses stammt von Sophie Wagmeister.

Sind Sie mit diesem Titel zufrieden? Dann würden wir uns über Ihre Weiterempfehlung freuen. Erzählen Sie es im Freundeskreis, berichten Sie Ihrem Buchhändler oder bewerten Sie bei Onlinekauf. Und wenn Sie Kritik, Korrekturen, Aktualisierungen haben, freuen wir uns über Ihre Nachricht an: Christian Verlag, Postfach 40 02 09, D-80702 München oder per E-Mail an lektorat@verlagshaus.de

Unser komplettes Programm finden Sie unter: www.christian-verlag.de

Alle Angaben dieses Werkes wurden vom Autor sorgfältig recherchiert und auf den neuesten Stand gebracht sowie vom Verlag geprüft. Für die Richtigkeit der Angaben kann jedoch keine Haftung übernommen werden, weshalb die Nutzung auf eigene Gefahr erfolgt. Sollte dieses Werk Links auf Webseiten Dritter enthalten, so machen wir uns die Inhalte nicht zu eigen und übernehmen für die Inhalte keine Haftung.

Die Deutsche Nationalbibliothek verzeichnet diese Publikation in der Deutschen Nationalbibliografie; detaillierte bibliografische Daten sind im Internet über http://dnb.d-nb.de abrufbar.

2. Auflage 2024

ISBN 978-3-95961-731-4

Ebenfalls erhältlich ...

ISBN 978-3-95961-183-1

ISBN 978-3-95961-553-2

ISBN 978-3-95961-586-0

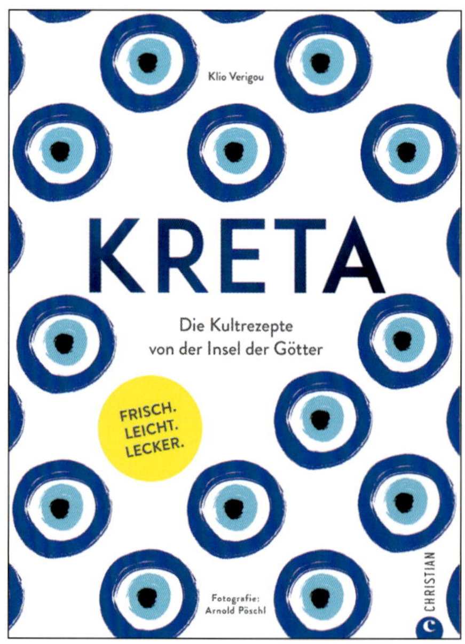

ISBN 978-3-95961-616-4

CHRISTIAN

www.christian-verlag.de